わかる！使える！

5S入門

古谷 誠 [著]
Furuya Makoto

日刊工業新聞社

【 はじめに 】

いろいろな業種の多くの企業へ伺わせていただいている中で、最近気になっていることがあります。改革・改善に対しての実行力がどうも鈍くなったような感じを受けるのです。現場を1つ変えるにも、やれ帳票を変更しなければとか、やれ本社の意向を聞かなければとか、そこを変えると仕組みをすべて見直さなければとか…などと言い訳ばかりが聞こえてきます。

今の人たちは、先輩たちが改革・改善を実践し、築き上げてきた後の現場に入ってきたため、改革・改善体験が少ないので、現状を変えようという気が起きてこないのではないでしょうか？　波風を立てたくない、現状のままで良い、というような考えで、問題が起きていても見て見ぬふりをしているのではないでしょうか。体の大きなダチョウは、習性で身に危険を感じると頭だけを地面の中に突っ込み、体は地上に出たままの恰好でその場をやり過ごそうとするそうです。このような問題や危険を直視しないでいることを「ダチョウ症候群（オストリッチコンプレックス）」というそうです。なんだか最近の企業にもありそうな状況です。

ただ、みんなそうだとは当然いえません。実際に自分たちで課題を見出し、常に世の中の変化に追随しようと常日頃から改革・改善に勤しんでいる企業や職場もあります。しかし近年、生産年齢人口といわれる15歳以上、65歳未満の人口が少しずつ減少し、当然人手が少なくなり、そして生産にかかわる年齢の幅も広がり、さまざまな年齢層の方々が同じ職場で働いているのが現状です。そんな中で、改革・改善を行う際によく「若い者はちっともやらない」と、若いということだけでそのヒトを評価してしまうこともあると聞きます。しかし、若い者もやることはやっているのです。やはり年代の幅があるので、受け止め方がそれぞれの年代で違うのではないでしょうか。

昔は上司から「やれー！」と命じられれば、有無をいわさず改革・改善を実行し、目的・目標は後からついてくるような風潮もありました。世代が違うとそうはいかないのです。なぜその改革・改善が必要なのか、その改革・改善

の本来の目的は何なのか、納得できるまで話し合いをしたでしょうか。人間ですから自分の行動には納得しないと、本当に自分から動こうとはしません。ヒトは本来、どこかに「自己実現の欲求」をもっているといいます。そして創造し革新するのが本来の姿といわれます。面倒がらずに話し合ってみましょう。ヒトは看てあげなければ育ちません。

　5Sは基本であるがゆえに5Sを行うことが目的になり、本来何のために行うのか目的が見失われてしまう場合も多々あります。よく「PDCA」と聞きます。P（計画）、D（実行）、C（確認）、A（対策）のことで、このサイクルを回すのです。しかし、いきなりP（計画）を立てるでしょうか。計画を立てる前にこの活動の目的があるはずです。また、活動の物差しとしての目標があるはずです。そして、目標達成後の本来あるべき姿を描いているはずです。そう、自分たちはこうしたい、こんな職場で働きたい「夢」があるはずです。

　現状を認識し、本来あるべき姿と比較して、その違いを理解して、どこから手をつけていこうかと計画が立てられるのではないでしょうか。

　今回、本書ではT（目的・目標）、I（本来あるべき姿）を盛り込み「TIPDCA」を展開します。5S活動スタート前にぜひTとIを描いて実践していただければと願っています。

2018年2月　　　　　　　　　　　　　　　　　　　　　　　　古谷　誠

わかる！使える!5S入門

目　次

【第1章】
5Sの基礎からはじめよう！

1　「5S」って何？
- なんで「5S」っていうのだろう？・**8**

2　5Sの中身
- 「整理」って何？-「理・ことわり」を整えること-・**10**
- 「整頓」って何？-「頓：屯たむろい」を整えること-・**12**
- 「清掃」って何？-手に「箒」と「雑巾」をもつ-・**14**
- 「清潔」って何？-「なぜ？」5回で真因を追求-・**16**
- 「躾」って何？-躾がなければ何も定着しない-・**18**

3　これだけは知っておきたい「5S」の基礎知識
- 「3現3即3徹」で進めよう・**20**
- 活動前にこれだけは知っておこう-「PDCA」だけでは進まない-・**22**
- 心の整理で真因を追求する・**24**
- 整理の具体的な進め方「赤札作戦」とは・**26**
- 整頓は標準化の前提条件・**28**
- 整頓の具体的な進め方「看板作戦」とは・**30**
- 整頓の具体的な進め方「ペンキ作戦」とは・**32**
- なぜ「モノ」は乱れるのか？・**34**
- 汚れを隠さないで「オモテ化」しよう・**36**
- 清掃しながら職場の点検を・**38**
- 3Sの習慣化から原点対処を行う仕組みづくり・**40**
- 予防3Sとは・**42**
- 躾づくりの前提「3愛の心」・**44**
- 躾づくり5つの方策・**46**

【第2章】
5Sを進めるための前準備

1 職場の5Sチェックポイントを確認する

- 6つの生産要素から5Sをチェックする・**50**
- 職場の固定観念を取り除き行動に移す・**52**
- 5S活動の目的をハッキリさせる・**54**
- 職場の5Sの現状を数値化する・**56**
- 5S導入の手順を確認しよう・**58**
- 職制ごとの5Sの役割と活動範囲を明確にする・**60**
- 対象職場と担当区分をハッキリさせる・**62**
- 「TIPDCA」の輪を回そう・**64**
- 5つの足並みを揃え同じ方向に進もう・**66**

2 「赤札作戦」の準備

- 「赤札作戦」の推進体制をつくる・**68**
- 赤札の対象品を洗い出す－赤札の対象品は品目単位で分類する－・**70**
- 「赤札作戦」の貼付基準を決める－時間軸を基に判断する－・**72**
- 「赤札作戦」の赤札を作成しよう・**74**

3 「看板作戦」の準備

- どこに表示するか決めよう・**76**
- 場所表示のルールを決めよう－「所」、「丁目」、「番地」で分ける－・**78**
- 品目表示のルールを決めよう
  －「モノ品目表示」と「棚品目表示」で表す・**80**
- 量表示のルールを決めよう
  －量表示は「最大量表示」と「最小量表示」で表す－・**82**

4 「ペンキ作戦」の準備

- 区画線のルールを決めよう・**84**
- 色分けのルールを決めよう－エリアの使用目的によって色分け－・**86**

5 「治工具整頓」の準備

- 「戻しやすさ」を追求する・**88**

6 「清掃」を始める準備

- 清掃対象を決めよう-モノの置き場、設備関係、スペースで分類-・**90**
- 区域、清掃担当責任者、時間を決めよう
  -「清掃担当マップ」を作成する-・**92**
- 清掃用具と清掃手順を決める・**94**
- 「清掃点検マップ」を作成する・**96**
- 「清掃保全カード」を作成する・**98**

7 「予防3S」で「なぜ」を追求

- 「なぜ」を追求して真因をハッキリさせる・**100**

8 躾をつくる方策

- 「ルールが守られているか」を目で見てわかるように・**102**
- 「叱る」と「怒る」は違うもの・**104**
- 躾の環境を整え「叱り」やすい環境をつくる・**106**

【第3章】
5Sを具体的に実践する

1 5S活動のキックオフを行おう

- 実行前に5S活動の背景、目的を全社に宣言・**110**

2 「赤札作戦」を実践する

- 赤札は淡々と貼っていく・**112**
- 赤札品を一覧にまとめる・**114**
- 赤札品の移動後に集中清掃をする・**116**
- 赤札品は思い切って捨てる・**118**

3 「ペンキ作戦」を実践する

- 区画線と床の色分けでメリハリをつける・**120**

4 「看板作戦」を実践する

- 誰が見てもすぐわかる表示方法にする・**122**

- 作業者にやさしい置き場にする・**124**
- 機械看板は通路から見える位置に表示する・**126**
- モノの流れをハッキリさせる・**128**

5 「治工具整頓」を進化させる

- クローズ管理は問題点も隠す・**130**
- オープン管理で過剰在庫をなくす・**132**
- 形と色を使うと戻す位置がひと目でわかる・**134**
- 使用する機械ごとに治工具を分けて置く・**136**
- 工具の置き方ひとつで作業時間が変わってくる・**138**
- 「工具の共通化」、「手段の代替化」、「工具の未使用化」で動作を減らす・**140**

6 「清掃」を実践する

- まず全員で汚れを徹底的に落とす・**142**
- 清掃点検ルートマップを作成する・**144**
- 清掃点検から設備保全につなげる・**146**

7 「予防」で問題の発生源を点検

- 買わない、入れない、つくらないことを考え「予防整理」・**148**
- 在庫は3定、治工具は戻しやすさで「予防整頓」・**150**
- 汚れの発生源を追求する「予防清掃」・**152**

8 「躾づくりを実践」

- 現行犯で叱ろう−情けをもって、その場で叱る−・**154**
- 「叱る」と「ほめる」の二面性を考える・**156**
- 5S・3定パトロールで写真を撮ろう・**158**
- 報告会で活動の成果を発表する・**160**

コラム

- 激動社会の中でも5Sは生き残る・**48**
- 「注意」では不良やケガは減らない・**108**
- 「感動5S」が未来をつくる・**162**

参考文献・**163**
索引・**164**

【 第 **1** 章 】

5Sの基礎からはじめよう！

1 「5S」って何？

なんで「5S」っていうのだろう？

❶「5S」は日本の文化

「整理・整頓」や「清掃」、「清潔」、「躾」という言葉は、誰もが昔から家や学校でよく耳にしてきたと思います。「机を整理しなさい！」、「玩具を片づけなさい！」、さらに「食事の前に手を洗いなさい！」など口うるさく親や先生にいわれた体験をもっているでしょう。

よく外国人から一般的に日本人は清潔だ、几帳面だと称賛されるのも、実は私たちが子供のころから、5Sの本質である整理・整頓・清掃・清潔・躾を親や先生からいわれ、それを当たり前に身につけているからなのです。このように5Sはもともと、私たちが誇れるものなのです。

❷5つの「S」で「5S」

「整理」「整頓」「清掃」「清潔」「躾」を、それぞれローマ字表記にすると「SEIRI」「SEITON」「SEISOU」「SEIKETSU」「SHITSUKE」となり、その頭文字の「S」が5つ合わさり『5S』となります。そして、一定の仕組みをもった活動名称となっているものの、5Sが子供のころの体験と直結していると考える人は意外に少ないのが実情です。それは大人になるにつれ、親や先生からいわれなくなり、やがて忘れてしまっているからです。

❸「5S」は海外へも羽ばたいている

今現在でも、国内の製造現場や事務所、街中の工事現場やお店などに『5Sを推進しよう！』などのスローガンを記した垂れ幕などを見かけます。しかし、本来馴染み深かった「整理」「整頓」「清掃」「清潔」「躾」ですが、職場で再び「5S」として形を変え、再び出会うと大半のヒトが「5Sなど聞いたことがない」とそっぽを向いてしまいます。そして、そんな当たり前のことはすでにできていると敬遠され、「子供だましみたいなことさせるな！」とまったく相手にされないのがほとんどです。

そんな中「5S」は、日本国内よりも海外の工場や事業所などで活発に導入され、大きな成果を出しています。多くの日本企業が海外に工場を建て、現地従業員を教育する際、5S活動を導入し、実施させることで効率化させています。それに伴い、5Sの手法を紹介した書籍や映像も多数翻訳され、海外企業

でも大いに利用されています。歌舞伎、古典落語、茶道、華道、俳句など、日本人より海外から観光に来る人たちの方が詳しい場合がありますが、5Sも海外の方が真剣に取り組まれているようにさえ感じます。

図 1-1 | 5つのSと定義

1. 整理：**S**EIRI
2. 整頓：**S**EITON
3. 清掃：**S**EISOU
4. 清潔：**S**EIKETSU
5. 躾　：**S**HITSUKE

5Sは日本の文化

5つのSの定義をみてみよう！

1S 　**整理とは**「要るモノと、要らないモノをハッキリ分け、要らないモノを捨てる」こと

2S 　**整頓とは**「要るモノを使いやすいようにキチンと置き、誰でもわかるように明示する」こと

3S 　**清掃とは**「常に掃除をし、キレイにする」こと

4S 　**清潔とは**「整理・整頓・清掃の3Sを維持する」こと

5S 　**躾とは**「決められたことを、いつも正しく守る習慣をつける」こと

> 要点 ノート
>
> 5Sは、日本が誇る文化の1つといってもよいほどなのですが、今やその手法が海外に輸出され、活発に導入され、大きな成果を出しています。海外の方が5Sへの取り組みが真剣に行われているようにさえ感じます

2 5Sの中身

「整理」って何?
−「理・ことわり」を整えること−

❶日本人は整理が下手

　整理とは5Sの中の「ジャスト・イン・タイム」です。「必要なモノを、必要な時に、必要なだけもつ」ことであり、つまり整理とは今の生産活動、今の業務活動に不必要なモノを製造現場や事務所から排除する運動です。

　工場や事務所には、今の仕事に関係なく、かつ不要なモノを実に多く抱えています。この不要なモノをもっていることで、知らず知らずのうちに問題やムダが生じているのです。

　ヒトは、モノを整理したつもりでも、どうしても単に並べ直すだけの整列になってしまいます。とくに日本人はこの整理が下手なのです。これは昔から「モノを大切に」という教えが徹底せれており、またモノに対して思い出などの「情」が入ってしまうためなのです。

❷整理とは捨てること

　会社でも「整理しろ！」と部下にいってはみたものの、一番整理できないのが自分の机の引出しの中であることは珍しくありません。「この見積書は最初に受注をもらった時のもの」であるとか、「この提案書は同じような仕事がきた時に役立つ」との理由で結局捨てられないのが現状です。

図1-2 | 整理とは5Sの中のジャスト・イン・タイム

ジャスト・イン・タイム
Just In Time = JIT

必要なモノを必要な時に必要なだけ → 必要ないモノ以外は要らない → 整理

整理とは、要るか要らないか、あれこれ「迷う」ことではありません。だからといって、直角・水平・垂直・並行にモノを「並べる」ことでもありません。

整理とは淡々と「捨てる」ことなのです。この時に重要なのが捨てる「基準」であり、この基準が整理でもっとも重要なポイントなのです。

❸「使える」「使えない」「使わない」

「モノ」は使用する観点から見ると、「使えるモノ」と「使えないモノ」それに「使わないモノ」の3つがあります。

使えるモノとは、その機能が満足されていて、その必要なタイミングで必要数が存在する場合に「使える」となります。また、機能・数量・時期のいずれかが著しく満足されない場合、たとえば、不良品や劣化の激しい機械などは「使えない」となります。さらに、すべての要素は満足するが、対人関係とか何か気に入らない他の条件で故意にこれを避けたり、ちょっとした故障をしていても修理すれば使えるが、今は不必要な状況下にある場合に「使わないモノ」が出てきます。

一般に不要品とか不要物という場合には、この「使えないモノ」と「使わないモノ」を指します。

この時、時間を無制限にして「要・不要」の判断をすると、ほとんどのモノがいつか使うということから「要る」になってしまいます。コツは「今日」とか「今週」といった時間的制約をつけることで、その時間の中で「要・不要」の判断をします。

図 1-3 モノを使用する観点から見ると

使えるモノ	使えないモノ	使わないモノ
・満足な機能・品質 ・満足な時期 ・満足な数量	・不満足な機能・品質 ・不満足な時期 ・不満足な数量	・自分の意思で避けるモノ ・必要性を感じないモノ

要点 ノート

整理とは「使える」「使えない」「使わない」を時間軸にして「要」「不要」を判断します。いわば「必要なモノを、必要な時に、必要なだけ」といわれる「ジャスト・イン・タイム＝JIT」なのです。

2 5Sの中身

「整頓」って何?
－「頓:屯い」を整えること－

❶探すムダを排除する

　整理によって職場から要らないモノが排除され、要るモノだけが残ると、「整頓」がおごそかに出動してきます。そして要るモノを誰にでもわかるように表示し、かつ使いやすい、戻しやすいように置き直す。つまり整頓とは、いまの生産活動、業務活動から「探すムダ」、「使いにくいムダ」、「戻しにくいムダ」の一切を排除する活動なのです。

　工場や事務所では「探す」という仕事が非常に多いのです。たとえば段取り替えでは、「フォークを探す」、「スパナを探す」、「当て板を探す」、「レンチを探す」、「台車を探す」、「金型を探す」という具合に、探しモノのオンパレードです。3時間かかっている段取り替えで30分の「探す」ことが生じてもあまり目立ちません。しかし、段取り替えの改革をして、段取り替え時間を10分未満にしようとする場合、この「30分の探す」行為が致命傷となってしまいます。このように整頓が徹底されていないと、工場や事務所ではさまざまな問題やムダが引き起こされます。

❷モノの置き方の標準化

　会社では、「標準化に始まり、標準化に終わる」といわれるくらい標準化が重要なテーマとなります。「A子さんでなければ、この作業はできない」と作業を特殊化しているようでは作業の広がりがありません。B子さんでも、C子

図1-4 | ムダにもいろいろある

> 「探すムダ」「取りにくいムダ」「戻しにくいムダ」
> ムダな作業を排除しよう

さんでも、昨日入ってきた派遣社員のD子さんでも誰にでもできる作業に切り替える。これが「作業の標準化」です。

こうした、職場の数ある標準化の中で、整頓とはこれら標準化の基礎ともいえる「モノの置き方の標準化」なのです。そして、いずれの標準化も「標準化」と名がつけば、必ず「誰でも」という言葉が頭につきます。

❸誰でも「わかる」「使える」「戻せる」

このように考えると、あらゆる標準化の原点でもあるモノの置き方の標準化としての整頓は、モノが「誰でもわかる」、「誰でもすぐに使える」、かつ「誰でもすぐに戻せる」仕組みのことを指すことになります。

また、「誰でもわかる」といういい方に「ひと目で」という言葉をつけて「誰でもひと目でわかる」ようになると、これは「目で見る管理」になってきます。このように誰でもひと目でわかる整頓が、後で述べる「看板作戦」「形跡整頓」「色別整頓」であり、「目で見る整頓」として位置づけられるのです。

整理と同じく、整頓もよく聞く言葉ですが、その意味はと尋ねられると、「キレイにする」とか「キッチリさせる」などの答えしかでてきません。やはりほとんどのヒトは、あやふやに意味をとらえています。

図1-5 モノの置き方の標準化

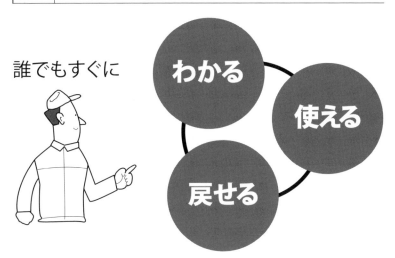

要点　ノート

整頓によりモノの置き方の標準化を行うことで、誰でもすぐに「わかる」「使える」「戻せる」ことが可能となり、生産活動、業務活動から探すムダを排除することができます。

2　5Sの中身

「清掃」って何?
—手に「箒」と「雑巾」をもつ—

❶「掃除」と「清掃」

　整理・整頓と同様、「清掃」もずいぶん昔から聞きなれた言葉です。清掃とよく似た言葉ではありますが、「掃除」といういい方はさらに身近に感じます。小学生の時に、嫌々やった「掃除当番」のせいか、やるまでは気が重かったものの、終えてみるとキレイになった教室や校庭を見回し、実にすがすがしい気持ちになったことを思い出します。

　どちらもキレイにすることでは同じなのですが、「掃除」よりも「清掃」の方が、何か改まった感じがするのはなぜでしょうか。それは恐らく、文字による所が大きいのではないでしょうか。

❷掃き清める

　掃除は「掃き除く」と書くのに対し、清掃は「掃き清める」となります。どちらも「掃く」の文字が使われているので、改まった感じを抱かせるのは残りの文字といえそうです。それは「除く」ではなくて、「清める」という文字にその雰囲気があるようです。「掃守（かにもり）」「掃部（かもん）」という言葉がありますが、古代の職名で宮中の掃除、敷物・設営のことなどをつかさどったと伝えられています。

　「掃」は「扌に帚」と書きます。「扌」は「てへん」といい「手」そのものを表します。一方「帚」は、昔は竹でできており、「箒」を示しています。つまり「掃」という文字は、「手に箒をもて」といっているのです。

　また清掃の「清」は、「氵で青々と」と書きます。「氵」は「さんずい」といい「水」を表しています。ということは「清」の意味は、「水で青々と」とい

図 1-6 ｜ 掃除と清掃の違い

うことになるのです。この「水」に、ヒトは何か改まった感じを抱くことが多いようです。

　水で清らかに青々となるくらい磨きこむには、何かそれなりの道具が必要です。その道具とは、昔から使いなれた「雑巾（ぞうきん）」です。

　こうした眼で「清掃」を見つめると、その意味合いは「手に箒と雑巾をもつこと」と解釈できます。

　やはり清掃は「掃いて・磨いて」が、その基本となるのです。自分たちの職場を自らの手で、掃いて、磨き込む。職場に対する自分自身の思いを、入れ込むように清掃をするのです。その思いが大きければ、職場もまぶしいくらいに輝きを放ち、思いが小さければそれなりの輝きでしかないでしょう。

図 1-7　「清掃」の文字の成り立ち

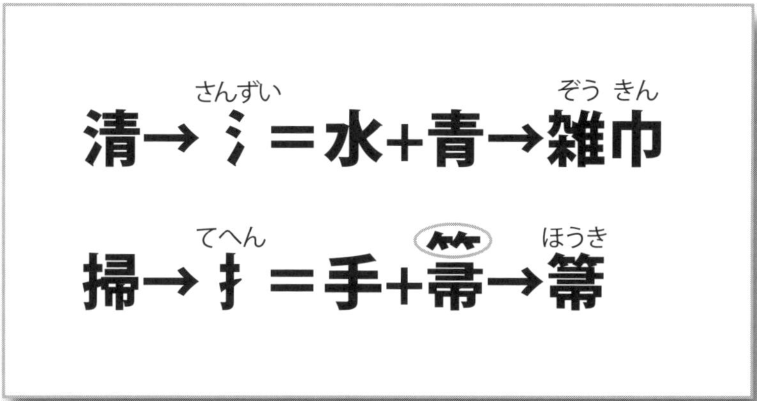

清 → 氵（さんずい） ＝ 水 ＋ 青 → 雑巾（ぞうきん）

掃 → 扌（てへん） ＝ 手 ＋ 帚（ほうき） → 箒

要点　ノート

汚れた職場で必ず発生しているのが不良や故障、ケガです。まるで職場のバロメータのようです。まずは手に「箒」と「雑巾」をもって、掃き、清めることが大切です。

2　5Sの中身

「清潔」って何?
―「なぜ?」5回で真因を追求―

❶ 3Sを維持する

　「清潔」の必要性を問いかけるなら、次のようなことを工場や事務所から一掃することが必要となります。
①全社的に5Sをやっても、すぐに元に戻ってしまう。
②その日の生産に不要なモノが機械の回りに残り、これをいつも片づけている。
③工具置き場の工具の置き方が乱れているので、いつも夕方はこのチェックをしている。
④床に切粉が飛散し、いつもモップで掃除している。
⑤洗浄液や廃水が床に溜まり、この清掃が習慣化している。
⑥ゴミや紙クズが床に散らかっていて、1日に2～3回片づける。
⑦文房具が必要以上になくなるので、定期的に個人所有の文房具をチェックしている。

　これらはすべて、整理、整頓、清掃の乱れをいっているのであって、こうしたことはあげたらきりがないくらい数多くあります。つまり、このような3S

図1-8　「清潔」の意味

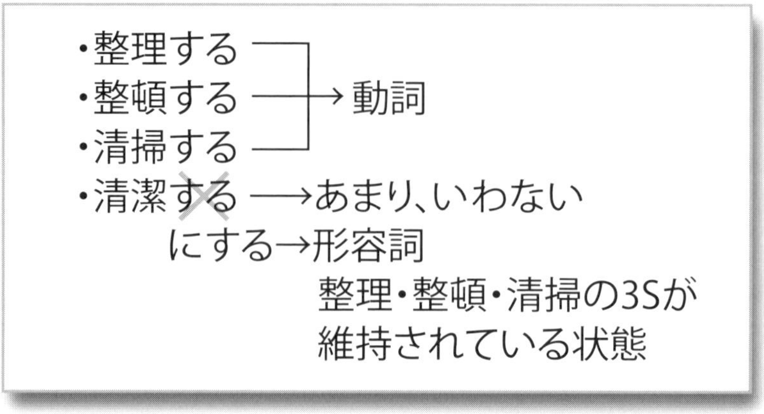

```
・整理する ┐
・整頓する ┼→ 動詞
・清掃する ┘
・清潔する ̶→ あまり、いわない
   にする → 形容詞
         整理・整頓・清掃の3Sが
         維持されている状態
```

の乱れをくい止めたり、かつ3Sを習慣化して"完成された3S"を維持していくことが清潔の基本といえます。

❷なぜ、その行為を行うのだろう

床に油が溜まったからモップで拭く、床に切粉が飛散したからホウキで掃く、そしてこれを習慣化して清潔さを保っていく、これらは5Sの基本です。

しかし、より次元の高い5Sを望むなら、この清掃をしている段階で次のような疑問をもつことが大切です。

【疑問1】「なぜ、毎日床をモップで拭くのだろう」
　⇒《床に油が溜まるから》
　⇒「なぜ、床に油が毎日溜まるのだろうか」

【疑問2】「なぜ、2〜3時間おきに床をホウキで掃くのだろう」
　⇒《床に切粉が飛散するから》
　⇒「なぜ、床に切粉が飛び散るのだろう」

❸なぜ5回で真因を追求

この単純な疑問の中に、複雑な工場のいろいろな問題を解く鍵が潜んでいます。5回「WHY（なぜ）」をくり返し、最後のWHYの答えに対して「HOW to」という改革策を実施します。これは「5W1H」とか、「真因の追求」と呼ばれる考え方です。

清潔は整理、整頓、清掃の3Sを維持するために、本当の真因を追求し、仕組みをつくることなのです。

図 1-9　なぜ？をくり返し真因を追求する

	観　点	改善ポイント
What（何を）	対象物は何か、なぜ必要か	この作業をなくして他にやれないか
Where（どこで）	なぜそこにあるのか	他の場所でできないか
When（いつ）	なぜその時にするのか	時間や順序を変えて効果が出ない
Who（誰が）	どうしてその人がするのか	人の組合せ、分担を変えてみる
Why（なぜ）	対象物の目的は何か	何のためにやっているかを追求
How to（どのように）	なぜこの方法でしているのか	他に有効な方法はないか

> **要点 ノート**
> 清潔は5W1Hでなぜ？をくり返し、問題の真因を追求し、「整理」「整頓」「清掃」の改革・改善を行い3Sを維持する仕組みをつくることなのです。

2　5Sの中身

「躾」って何?
—躾がなければ何も定着しない—

❶躾は日本独自のモノ

「躾」という単語は日本特有のものです。だから、これを外国語に訳すことはできません。英語にも躾に該当する言葉は見当たりません。また、お隣の韓国では、整理、整頓、清掃、清潔の4Sは漢字がそのまま使われており、意味合いも同じですが、躾となると漢字はおろか、その言葉さえもありません。この日本人独特の躾を核にして5Sは展開されます。だから5Sは日本の文化以外の何ものでもないのです。その躾が、「なぜ必要か?」と聞かれると、これはもう日本の文化を疑っているのも同然です。したがってあえていえば、「日本人だから」と答えるしかありません。

❷躾は5Sの要

「躾がないと5Sにどんなことが起きますか?」と問われれば、この事例は無数にあげることができます。

職場で躾が欠けた場合、5Sの面で不具合な現象が次々に現れます。しかし、これは5Sの面だけに限ったことではありません。モノをつくることや顧客にモノを販売することなど、あらゆる業務の核として躾は位置づけされます。

このように見ると、躾は5Sを超越して企業発展の要であるといえます。その証拠に、朝の「おはようございます」という挨拶がまともにできない会社は、改革提案、小集団活動、TQCなど何をやっても定着せず、大きな発展は望めません。

社長とか幹部クラスの方々から、よくこんな嘆きを聞きます。「うちの職場はいくら5Sをやっても、すぐに崩れて、元に戻ってしまう」。申し訳なさそうにいった後、「どうも、うちの連中は躾ができてないのです」で締めくくります。そんな時に私は、こう切り返しています。「社長!それは間違っています。職場の連中の躾ができていないのではなくて、社長が"躾る"ということを知らないのではないですか」と。社長は思わず、うつむいてしまいます。

❸躾とは「叱る」こと

あまりにも今の世の中、大人たちが「叱る」ことをしていません。「叱る」ということは、「怒る」ことではないし「怒鳴る」ことでもなく、叱るのです。

感情を表に出し、自分の高ぶった気持ちを相手にぶつけて制するための「感情的行為」が怒るとか怒鳴るであって、叱るは、内面に情をたくわえ、これを抑さえて、相手を大きく伸ばすためにする「理性的行為」です。

図 1-10 躾の意味

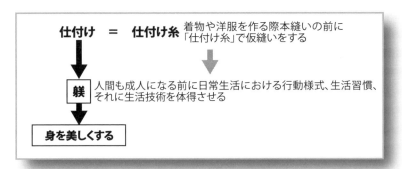

図 1-11 躾は 5S の要

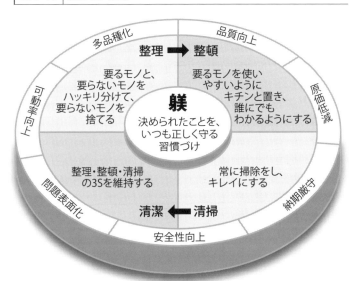

要点 ノート

「躾」とは「身」を「美しく」と書きます。日本で生まれた国字だそうです。着物や洋服をつくる際、本縫いの前に「仕付け糸」で仮縫いをします。どうもそのようなところから「躾」という文字が生まれているようです。

3 これだけは知っておきたい「5S」の基礎知識

「3現3即3徹」で進めよう

❶検討では現場は変わらない

　世の中、多くの企業で生産性向上運動や、不良低減活動、設備の稼働率向上運動などさまざまな活動が採用されていますが、どのような活動を進めるうえでも5Sは基礎となり、現状レベルの把握にもなります。

　5Sを実行に移していくと、現場で「とりあえず検討します」という言葉が横行し始めます。

　「これは廃棄しましょうか？」「とりあえず置いておけ、後で検討しよう」、「ここには何と表示しましょうか？」「とりあえずまだいい、後で考えよう」、「清掃当番を決めましょう」「とりあえず君がやってくれ、後で決めよう」、「朝礼ルールを決めましょう」「とりあえず会議で検討しよう」などなど、「とりあえず検討します」というその場しのぎで対応をしてしまう場面を多く目にします。その後の検討の時間があまりにも長く、いつまで経っても現場が変わらないのです。

　このような会社ほど、会議の時間が長く、結果的には結論が出ないままもち越され、とりあえず検討する時間が1カ月も半年も続いてしまうのです。そこにはコケが生え、いつのまにか忘れ去られてしまうものも出てきます。今の世の中そんな悠長なことでは、環境の変化に対応しきれず、取り残されてしまうのです。

❷「3現3即3徹」

　何か行動を起こす時の1つの指針として「3現3即3徹」という言葉があります。

　3現とは、「現場、現実、現物」をいい、さまざまな現象が起きている現場に立って、現実を直視し、現物を手にしてみる。そうすることで自分の感性が研ぎ澄まされ、次の行動へと導かれます。

　その際、「即時＝その時すぐに、即座＝その場で、即応＝すぐに対応する」ことで行動力が生まれます。

　そして、そこには3徹、つまり「徹頭、徹尾、徹底」で最初から最後まで自分たちの強い意志を反映した、こだわりを貫き通すことです。

第1章 5Sの基礎からはじめよう！

　ちなみに3現は「感性」、3即は「行動力」、3徹は「こだわり」を表現しています。

　あなたの会社で「とりあえず検討します」という言葉をよく耳にすると感じたら、一度「3現3即3徹」を活動の指針にして欲しいと思います。「とりあえず」では、現場や職場は変わらないのです。

図 1-12 　行動指針となる「3現3即3徹」

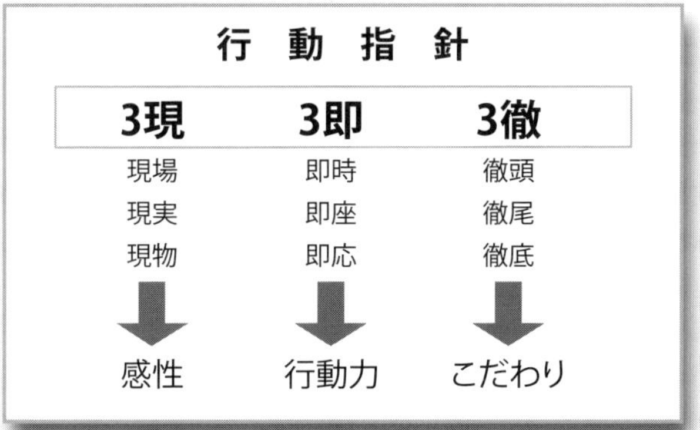

行　動　指　針		
3現	**3即**	**3徹**
現場	即時	徹頭
現実	即座	徹尾
現物	即応	徹底
↓	↓	↓
感性	行動力	こだわり

図 1-13 　行動に移せない理由

なぜ行動に移せないの？

1. 危機感がない：現状がわかっていない
2. メリット・デメリットがわからない：認識不足
3. やり方がわからない：理解されていない
4. やらない方が「楽」だから：変えたくない
5. 明確な目的がないから：未来がない

要点 ノート
「とりあえず検討します」が横行する企業では現場は変わりません。「3現3即3徹」の行動指針で5S活動を進めることが、企業生き残りの基礎をつくり上げます。

3 これだけは知っておきたい「5S」の基礎知識

活動前にこれだけは知っておこう
−「PDCA」だけでは進まない−

❶ 5S活動の目的を明確に

　「5S活動」ではじめに大事なことは、従業員全員が1つの目的、目標に向かって意識を揃えることです。そのためには、5S活動の本来の目的を明確にし、全従業員に理解できるよう説明することが重要となります。

　5Sを実践するに当たり、まずやるべきことはその意味合いの統一です。そして会社全体の活動とし、その考え方とやり方を1つにすることが大切となります。そうすることで、全員の意識がまとまり、会社全体の方向性も1つになるのです。

❷ 目的を見失った活動にしない

　よく目にする光景は、5Sをやること自体が目的となり、5S本来の目的を見失ってしまうことです。こうなると、職場のあちこちにスローガンがベタベタと掲示され、「整理・整頓」の表示の前に、ドカンと不要物が所狭しに置かれている状態に陥ります。意味不明な看板が不統一のまま表示され、近くにいかなければわからないほどの文字の大きさで表示してあったりします。さらには表示どおりのモノはそこにはなかったりします。また、作業性を無視した外見だけが見栄えのする置き場に出会ったり、やたらとチェックシートだけが多くなり、何カ月も前の点検表が機械にぶら下げてあるような状態になってしまいます。

　ようするに「ただ5Sをすればいいんだ」という意識で活動が行われ、理にかなっていないことが、あちこちで発生してしまうのです。こうなると、企業本来の目的までもが見失われ、会社自体が整理されるはめになりかねないのです。

❸ TIPDCAの輪を回す

　目的を明確に決めたら次は目標（T：Target）です。目標は数値化します。5Sを行うことで何をどれくらいにするのかハッキリと数値に置き換えることです。在庫をどれくらいにするのか、探す時間をどれくらいにするのか、不良をどれくらい減らすのか、掃除時間をどれくらいにするのか、機械稼働時間をどれくらいにするのかなどなど、目的に合わせた目標数値を設定します。

そして、目標を達成するための本来あるべき姿「夢」（I：Image）を描きます。自分たちはこのような職場にしたい、レイアウト図や人員配置図、モノの流れなど絵や図で表現します。

そこから現状と本来あるべき姿を比較し、どこから手をつけていこうかと計画（P：Plan）を立てるのです。そして実行（D：Do）へ移し、目標に対しての実績がどうか確認（C：Check）し、次の対策（A：Action）を立てていきます。これがTIPDCAとなります。

図 1-14 | 改革のサイクル TIPDCA

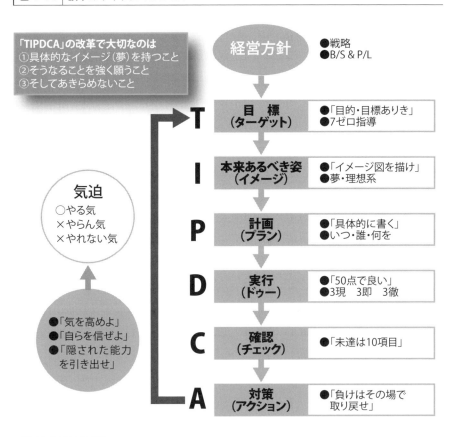

要点 | ノート

目的のない活動に計画はない、計画のない活動に明日はない、明日のない企業に未来はない、未来のない企業に夢はない、夢のない企業にヒトは集まらない。こうして企業も自然淘汰されるのです。

3 これだけは知っておきたい「5S」の基礎知識

心の整理で真因を追求する

❶整理とは？

　小さいころ、散らかした部屋を見て、母親から「整理・整頓しなさい！」とよくいわれたものです。それほど「整理・整頓」は、小さいころから私たちの耳の奥に残っている言葉です。

　しかし社会に出た今、「整理とは？」と問われると、「片づける」とか「キレイにする」といったあやふやな答えしか浮かびません。キッチリとした定義や方法がわからないのです。これだから、子供のころの勉強部屋はうまく整理・整頓ができなかったのだ、と反省する今日です。

　整理とは、何もむずかしいことはありません。読んで字のごとく「理を整える」ことです。「理」とは1字で「ことわり」と読みます。「ことわり」とは、「筋道」、「道理」、「理由」を意味しています。つまり整理とは「理由を整えよ」ということで、自分の身の回りにあるものの理由づけをキッチリ行うことなのです。

❷「心」の整理

　このことから整理とは、「要るモノと要らないモノを、ハッキリ分けて、要らないモノを捨てる」といった5Sでの定義にもなります。

　たとえば、映画やドラマでよく見る光景ですが、仲の良かった恋人同士がある時破局を迎え、恋人との思い出の写真を取り出し、それを破り捨てる…。これはすでに不要となった1枚の写真という「モノの整理」をしているのではないのです。破り捨てると同時に、楽しかった思い出の「心の整理」もしているのです。

　昔に買ったモノで現在は使っていないモノでも、買った当時は必要としていた、欲しかったから買ったのです。そのようなモノをいざ捨てようとすると、心のどこかに過去の出来事が走馬灯のように溢れ出てきます。そうなると捨てるどころではありません。

　「捨てる」という行為には、この過去との思い出と決別することなのです。

❸原因の追求をする

　この「心の整理」を行うことで、もう同じ過ちを二度と繰り返さないという

反省が芽生えます。なぜこんなに在庫を抱えてしまったのだろうか？　なぜこんなに同じ工具を買ってしまったのだろうか？　なぜ使いかけの文房具がこんなにあるのだろうか？などなど、要らないモノが溜まってしまった原因の追求にもなってきます。

ここで捨てることができないと、過去の過ちを認めることになり、また不要なモノが溜まってきてしまいます。以前5S活動をやっていたが、今は元に戻ってしまったと嘆く企業は、過去との決別がしきれていないのです。

図1-15 「整理」って何？

整理 → 理（ことわり）：・道理
　　　　　　　　　　　・条理
　　　　　　　　　　　・当然のこと
　　　　　　　　　　　・もっともなこと
整理とは「ことわりを整える」こと

「モノの整理」は「心の整理」
　倫理は捨てるな

「7つの大罪」
　①傲慢②嫉妬③憤怒④貪欲⑤貧食⑥邪淫⑦怠惰
　によってモノが溜まり

「4つの基本道徳」
　①知恵②勇気③節制④正義
　によって整理ができる

要点　ノート

整理とは「理（ことわり）」を整えることです。理にかなっていない不要なモノを一度捨てることで、不要なモノを溜めてしまった真因を理解し、二度と過ちは繰り返さないという心の整理をすることです。

3 これだけは知っておきたい「5S」の基礎知識

整理の具体的な進め方「赤札作戦」とは

❶会社の「アカ（「垢」）」を表にする

　会社では、自分の身の回りにあるものが、日々の業務活動に必要なモノかどうかの見きわめが非常に困難です。

　そこで、目で見る整理の方法の1つでもある「赤札作戦」が登場します。「作戦」というからには敵が必要で、もちろんここでの敵は、自らがまいた「ムダ」とか「アカ（垢）」ということになります。

　しかし、会社の中でアカを見つけることは職場の社員でもむずかしいものです。どの在庫が現在の生産に必要なモノか、または不要なモノかがひと目ではわかりにくいのです。まして、職場を留守にしがちな社長や部長には、皆目見当もつきません。

　まず、会社の中のアカを浮かび上がらせて、かつ社長でもどれが要るモノで、どれが要らないモノか、目で見てわかるようにすることが大切なのです。このために、「赤札」が必要になるのです。

❷要・不要の判断は時間軸

　不要と思われるモノに、どんどん「赤札」を貼っていきます。会社の中が真赤になるくらい徹底して貼っていきます。

　なぜ赤い紙を使うのでしょうか？　目立たせることと、会社の「赤信号」、それに会社の「アカ」、洋品屋さんなどで年末に行う現品処分の「赤札市」などを連想させることから赤い紙を採用しています。

　また、赤札を貼るかどうかといった基準は、業種や対象物ごとに異なってきます。生産現場などでは普通、先1カ月の生産計画の中で使わないモノにはすべて赤札を貼ります。少し厳しい現場になると、基準を1週間単位とするなど、状況に応じて基準を決めています。

❸「アカ」が溜まれば体調を崩す

　人間がお風呂に入るように赤札作戦は日々コツコツと実践するのが望ましい姿です。人間も日々アカが出て、お風呂に入らなければアカが溜まってきます。お風呂やシャワーを浴びない期間が長くなると、体のアカが日々蓄積され、不衛生になり、異臭を発し、ひいては体の不具合が現れ、体調を崩し健康

第1章　5Sの基礎からはじめよう！

を害する羽目になります。

　会社も同じです。アカが溜まると血流という資金の流れが悪くなり、血栓という在庫があちこちに溜まり出し、モノの置き場がなくなり、前後工程ではモノの載せ替えや積み替え、移し替えなどのムダな作業が頻繁に発生し、作業性が悪くなります。

　どのような会社でも、年に少なくとも1～2回は、会社総ぐるみで赤札作戦を実施することが必要です。

図1-16　赤札作戦の実行手順

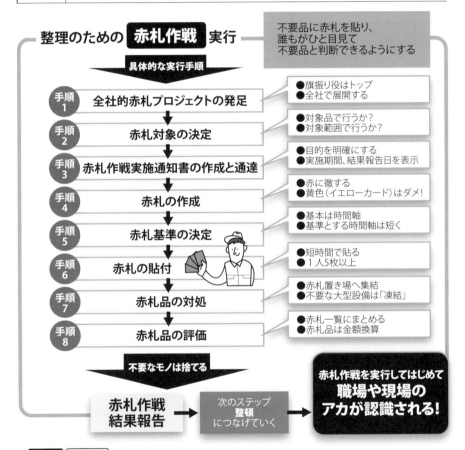

要点 ノート

ヒトが日々溜まってしまうアカを落とすためお風呂に入るように、会社も日々溜まってしまう見えにくいアカを落とすため「赤札作戦」を実施して、見えにくいムダや問題を浮き彫りにしましょう。

3 これだけは知っておきたい「5S」の基礎知識

整頓は標準化の前提条件

❶「探す」ムダをなくそう

　一般に整頓は、単独で使うよりも整理と対にして、「整理・整頓」として用いられることの方が多いものです。これは、「身の回りの不要なモノを捨て、残された必要なモノを整える」ことを意味しています。

　こうした整理・整頓は、IE＝Industrial Engineering（生産工学）の面からとらえると、とても重要なことにつながります。それは、身の回りに不要なモノがなくなり、まず「探す」というムダがグッと少なくなります。そのうえ必要なモノだけが使い勝手の良い所に置かれていれば、「探す」というムダがなくなり、今度は単に「見つける」という行為だけになります。

　こうしてみると、一見簡単でつまらなそうな整理・整頓ですが、これをキッチリこなせば、それだけで生産性が10％や20％は楽に向上してしまう場合もあります。まさに「たかが整理・整頓、されど整理・整頓」なのです。

❷標準化に始まり、標準化に終わる

　会社や工場では、「標準化に始まり、標準化に終わる」ということがよくいわれますが、標準化はそれほど大切なことなのです。

　長年勤めたA子さんでなければできないような作業を、今日入ったパートのB子さんでもすぐにできるように、「作業の標準化」をするのです。ベテランのC子さんでなければ扱いきれない機械を、入社したばかりの新人Dさんでもすぐにオペレーションできるように、「機械の標準化」を図るのです。

　こうした動きは、何も製造現場だけに限ったことではありません。「設計の標準化」「図面の標準化」は設計部門の大きなテーマであり、また管理部門では「伝票」に始まり、「情報処理」や「管理」そのものが標準化の対象となります。

　企業活動において、これほど重要とされる標準化とは、具体的にどのようなことをいうのでしょうか。

❸誰でもすぐに「見つける」「使う」「戻す」

　「作業」や「設計」それに「管理」の標準化それぞれに、共通する1つのキーワードがあります。それは、「誰でもすぐに」という言葉です。つまり標準化とは、誰でもすぐに作業や設計や管理ができることを意味しています。それも

みんなが同じようにです。

　整頓には、3つのポイントがあります。「見つける」「使う」「戻す」です。使用する部品や治工具が、ベテランでなければ見つからない、使えない、戻せない、そういった職場であったらどうでしょうか。恐らく仕事にならないのではないでしょうか。

　「標準化」が企業活動の大切なキーワードであるなら、同じことが生産活動でもいえそうです。それは5Sの整頓の中に強く表れてきます。

図 1-17　整頓の意味と3つのポイント

要点　ノート

整頓とは、「標準化」です。企業活動における、もっとも基礎となる「モノの置き方」の標準化です。そこでは、「誰でもすぐに」見つけられる、使える、戻せることが重要になります。

3 これだけは知っておきたい「5S」の基礎知識

整頓の具体的な進め方「看板作戦」とは

❶まずは「所番地」

　街を歩いていてよく見かけるものに「看板」があります。店の名前を大きく掲示したものや、遠くからでも見えるようにビルから張り出しているお店の看板、通路に出したものなどいろいろ見かけます。また、電柱に掲示された所番地や一般住居の表札も看板の一種です。

　街からこれら看板が目ざわりとばかり、すべて取り去ってしまったらどうなるでしょうか。どこにどんなお店があるかわからなくなり、家を訪ねようにも迷ってしまいます。はたまた郵便物が届かなかったり、その街に長年住んだヒトにしか、街の様子がわからなくなってしまいます。

　職場もまったく同じで、モノの表示がなければ、長年勤めているヒトにしかわからない職場になってしまうのです。誰でもひと目でわかる職場にするためには、あらゆるモノに、そのモノを表す何らかの表示が必要であり、このために看板が利用されるのです。

❷目で見る整頓

　看板作戦への手順は、①まず赤札作戦を実行して「要るモノと、要らないモノ」を明確に分ける。②要らないモノは、日々の業務活動から外す。

　この単純きわまりない、ごく当然のことが、不良をゼロにし、ムダを省くための改革の基礎となるのです。「分けることは、わかること」なのです。

　そして、自分の身の回りに「要るモノ」だけが残ったら、これをもっとも効率の良い所に集め、資料については「何の資料か」、機械については「何の機械か」、在庫については「どこに、何が、いくつあるか」、ひと目でわかるようにするのです。これを「看板作戦」と呼び、「目で見る整頓」として位置づけられます。この「看板」は表示を意味し、漢字で表記します。ひらがなの「かんばん」と書くと作業指示を意味します。「かんばん方式」の「かんばん」です。漢字で書くか、ひらがなで書くか使い分けをしなければなりません。

　また、看板は、いまの業務に必要なモノを中心としてつくられます。整理・整頓といわれるように、「赤札作戦」と「看板作戦」は必ず対で行わなければ、効果は半減してしまいます。

❸「3定」とは

特に在庫管理を行う際に重要なことは、どこに、何を、いくつあるか誰でもわかるようにすることです。そのためには、どこに「場所表示」、何を「品目表示」、いくつ「量表示」を表す看板が必要になります。

この場所表示を「定位」、品目表示を「定品」、量表示を「定量」といい、定位・定品・定量の3つの定で「3定」と呼んでいます。5Sと3定は非常に重要なつながりがあり、「5S・3定」と表記することもよくあります。

図1-18　看板作戦の手順

看板作戦とは
看板作戦とは、必要なモノがどこに（場所）、何が（品目）、いくつ（量）あるのか、誰でもわかるようにハッキリ明示する整頓のやり方

手順1　置き場の決定
- 集中改革・改善後の作業のやり方に合わせ、モノの置き場を決める
- ポイント：よく使うモノは身近で、かつ取りやすい所に！

手順2　置き場の整備
- 決められた置き場の棚やキャビネット類を整備する
- ポイント：部品の荷姿をどうするか、先入れ先出しの仕組みをどうするかなど、生きた置き場づくりを心がける

手順3　場所の表示
- モノを「どこに」置くか、その場所と置き場を表示するための看板を作成し掲示する
- ポイント：場所表示は所表示と丁目表示と番地表示がある

手順4　品目の表示
- 「何を」置くか、置くモノと、置かれる棚に品目を表示するための看板を作成し、掲示する
- ポイント：品目表示は、棚品目表示とモノ品目表示がある

手順5　量の表示
- 「いくつ」置くか、在庫の量について表示をする
- ポイント：量表示は最大在庫量と最小在庫量の表示がある

手順6　整頓の習慣化
- 整頓が乱れないための習慣化を図る
- ポイント：①戻しやすい整頓　②徹底した躾　③5Sの習慣化

要点 ノート

整頓でモノの置き方の標準化を進める際、重要なのは「どこに」「何を」「いくつ」置くかハッキリとすることです。そのためには「定位」「定品」「定量」の「3定」を実行します。

3 これだけは知っておきたい「5S」の基礎知識

整頓の具体的な進め方「ペンキ作戦」とは

❶職場にメリハリをつける

　5Sは一般に目で見る整理「赤札作戦」から始めます。まず日々の業務に不必要なモノを現場から追い出し、本当に必要なモノだけを現場に残します。そして、不要なモノが取り除かれた職場は、所どころで水溜りのような空き地が生まれます。

　この段階でモノの流れや作業性を重視し、職場のレイアウトを見直し、集中的に現場を改革・改善し、本来あるべき職場の理想像に近づけます。

　そして、必要なモノを使いやすい形で配置し、モノの表示をハッキリさせるために目で見る整頓の1つである「看板作戦」を行います。

　ほぼこの看板作戦と同時期に、作業者の安全を確保するための通路や、作業エリア、モノの搬送通路など誰が見てもわかるよう、床には作業区と通路を分ける区画線、置き場の範囲を示す置き場線など、ペンキやテープなどの色を利用した「ペンキ作戦」が開始されます。

　「赤札作戦」により不要なモノを取り除いたすっきりした職場に、区画線や色でメリハリをつけるのです。

❷区画線で安全確保と位置決めをしよう

　街の中にある道路や歩道がハッキリと分かれているように、職場内にも区画線を引いて、作業者の安全を確保して歩ける通路を設けます。

　つまり、車が決められた通りに通行するのと同じく、フォークリフトや搬送車が工場内、職場内をルール通り運行できるような区画線や、そこからはみ出したり、入り込んだら危険だということがハッキリわかるような区画線を確保し、右側通行か、左側通行かルールがわかるように、矢印による通行線を引いておくのです。

　また、モノの置き場の表示とともにどの範囲にモノを置くのか、どの位置にそのモノを置くのか、誰が見ても判断できるように、範囲や位置を決める区画線も引きましょう。

❸床面の色分けもしよう

　作業者や、作業者が手で押す台車が通る通路と、フォークリフトや搬送車な

どの車両が通行する通路を色分けしたり、付加価値の生まれない置き場と、付加価値を生む作業区の床の色を分けてみましょう。また、作業者がゆっくりと休める休憩所の色も分けると良いでしょう。色と線の種類により意味合いを分けて線引きしてみましょう。

図 1-19　ペンキ作戦とは

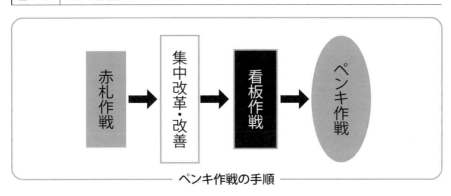

ペンキ作戦の手順

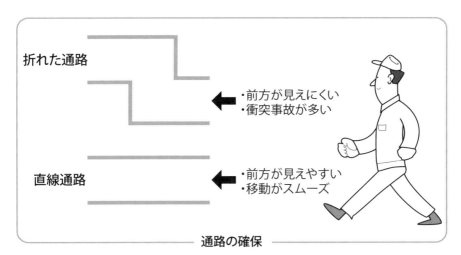

通路の確保

要点　ノート

置くモノの位置が決まったら、目で見てすぐにわかるように線を引くことで、範囲を明確にしましょう。また、色を使うことで、種類やグループ分けがひと目でわかるようにもなります。

3 これだけは知っておきたい「5S」の基礎知識

なぜ「モノ」は乱れるのか？

❶崩れない整頓の秘訣とは

　工場では、治工具や刃具、金型などは、材料や部品などとは異なった性格をもっています。両者とも「見つける」「使う」といった点は同じですが、治工具などは使い終わったら「戻る」のです。材料や部品は一度払い出され、製品製作のために使われると、製品として梱包・出荷され二度と戻ってくることはありません。これに対し、治工具や刃具などは、必要なモノが集められ、使用され、製品と一緒に出荷されるのではなく、再び元あった置き場へと戻ってきて、繰り返し使われるのです。

　この「戻る」という点が一般の在庫品と治工具との大きな違いです。各作業者が戻す時にしっかりと元の置き場に戻せば、次に使う時にすぐに見つけることができるのです。しかし、元の置き場に戻さず、違った置き場に戻したり、使用した場所に置きっぱなしだと、次に使う作業者が「探す」というムダな作業を行うことになります。それならば「戻しやすい」ことが、整頓の秘訣でもありそうです。

図 1-20 労働強化と労働密度の向上

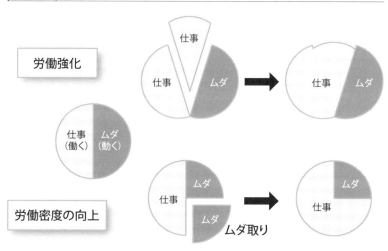

❷なぜ「戻せない」のか

モノを使った作業者が、すべて元の置き場に戻すことができれば、モノの乱れはなくなり、探す手間も省けます。

では、なぜ元の置き場に戻せないことが多いのでしょうか。それは、元々の置き場に表示や、目で判断できる仕組みがないからです。個人個人で使ってしまう工具が多いと、その作業者だけがわかればいいんだと個人でモノを管理するようになってしまいます。このような職場では、新しいパートさんやアルバイトさん、新人社員などが入ってきた時は大変です。まずは作業を行う前に、モノを探すことから始めなければなりません。早く戦力になり、付加価値を生む作業についてもらいたくても、どこに、何があるかわからないために、「探す」という付加価値を生まないムダな動きに追われてしまいます。こうなると新人さんが作業を覚えるまでに時間がかかり、覚えることも多くなってしまい、新人さんも定着しません。また、ようやく覚えたと思うと、もう別な新人さんに代わってしまうようなことが、くり返し行われてしまいます。

❸個人管理から目で見る管理へ

それでは「戻しやすい」置き場とは、どのような置き場でしょうか。それは今日入った新人さんでも、たまにしか来ない上司でも、以前その職場にいた部長でも、「誰でも」使い終わったら必ず元の位置にすぐに戻せる「置き場」があることではないでしょうか。そうすることで、本来のモノの置き場に戻すことが可能になり、モノの乱れをなくし、探すムダを少なくし、付加価値を生む本来の作業時間の比率を上げることで、より密度の高い職場へとつなげることができるのです。

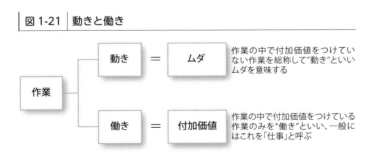

図 1-21 動きと働き

要点 ノート

個人管理から誰でもわかる「目で見る管理」にし、誰でもすぐに戻せる置き場をつくることで、モノの乱れをなくします。そうすることで、探すムダもなくなってくるのです。

3 これだけは知っておきたい「5S」の基礎知識

汚れを隠さないで「オモテ化」しよう

❶あなたの会社の作業服は何色ですか？

「あなたの会社の作業服は何色ですか」と尋ねると、ほとんどグレーや茶色、青色という答えが返ってきます。たまたま「白です」という場合、たいてい食品か医薬品関係、もしくは半導体関係の会社のヒトが多いようです。白以外の作業服を着ているヒトに、「なぜ、その色なのですか？」と尋ねると、ほとんどの場合「汚れが目立たないから」という答えが返ってきます。汚れが目立たないということは、汚れているのにその汚れを隠そうとしていることではないでしょうか。これではいくら作業服をキレイに洗濯しても、また汚れてしまいます。根本的な汚れを絶つことにはならないからです。

それでは、発想を180度変えてみましょう。あなたの会社で作業服が白で汚れがとても目立つとします。「なぜ汚れるのか？」を追求するため作業現場へ行ってみると、案の定、作業台や機械設備が油とホコリでベトベトになっており、下地の色がわからないくらい汚れているような光景を目にします。これで

図1-22 │ 汚れの箇所で職場のどこが汚いか見つけられる

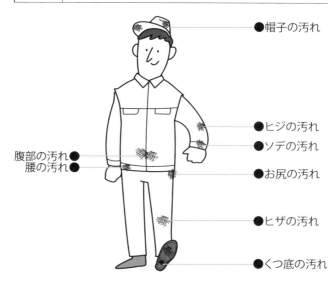

は白い作業服では、すぐに黒く汚れてしまうのもうなずけます。

❷白い作業服で職場の汚れを「オモテ化」する

また試しに全職場、白の作業服で1日中仕事を行ってもらいます。そうすれば、どの職場が一番清掃が行き届き、作業性が良いのかひと目でわかります。日々清掃がきちんと行われていて、作業者に負担の少ない職場の作業者の服は、1日の仕事を終えても汚れていないはずです。

反対に、作業者の服が汚れている職場は、清掃をふくめ職場の管理が行き届いていないといえます。職場ごとに作業服の汚れのひどい順番に並んでもらえば、職場の管理状態がひと目でわかるのではないでしょうか。

このように、白い作業服は汚れを隠すのではなくて、逆に汚れを「オモテ化」することもできます。こうすることで、作業服を「目で見る管理」の1つの道具として使い、各職場の状態や異常をつかむことが可能となるのです。

❸職場の汚れは職場の意識レベルを表す

汚れを目立たなくしている職場は、汚れに対する意識のレベルも低いものです。通常これはひどいと思う汚れでも、意識が低い職場では全然汚いとは思わないのです。それでは、どのくらいが汚くて、どのくらいがキレイなのか、判断に困ります。そんな時は汚れをオモテ化して全員で認識すれば良いのです。そこで、白のハンカチを準備し、対象部分をこするのです。当然ホコリや汚れがついているほど、ハンカチは黒くなります。それを全員が見える所に貼り、汚さを自覚するのです。あまりの汚さに自分の冷や汗を拭かないようにしたいものです。むしろ、職場の汚れは自分への甘えた気持ちを映し出していると思い、心の汚れをハンカチで拭き取ることです。

図 1-23 ハンカチ作戦を実行せよ！

ハンカチ作戦の実行手順

① 職場内で対象とする箇所を決め、そこを白いハンカチやウエス、布などでこする
② 職場の一角に掲示板を設け、汚れたハンカチなどを掲示しておく
③ 一定期間を置いた後、同じ箇所をまた新しい白いハンカチや布、ウエスでこする
④ 汚れたハンカチを先ほどの掲示板に前回の結果と並べる

同じ場所を白いハンカチやウエス、布でこすることで、誰でも客観的に違いが判断できる！

要点 ノート

汚れを隠そうとすると、その職場の問題をも隠そうとする意識に向かってしまいます。隠すのではなく、汚れを「オモテ化」し、心の汚れを拭き取ることが大切です。

3 これだけは知っておきたい「5S」の基礎知識

清掃しながら職場の点検を

❶清掃は会社のお風呂

　職場の清掃を人間にたとえると、お風呂と同じです。毎日の疲れを癒し、その日の汚れを落とし、体全体を洗い流している際に、体にキズついた所はないか、筋肉に痛みを感じた箇所はないか、少し前にキズつけてしまった箇所はその後直っているかなど、体の具合を確認しながら、明日に向けて心と体の両面の準備をします。このようなお風呂は、日々の生活のうえで、重要な位置づけであると同時に、大変な効能をもっています。工場や事務所の清掃は、人間のお風呂と同じ意味合いなのです。

　清掃は作業の効率や品質、安全面、衛生面などで大変に重要な役割りをもっており、人間の向上心とも大変に深いつながりがあります。

　清掃とは、まずホウキをもつこと、次に雑巾を握ることです。これが清掃のもっとも根底にある基本であり、まさに読んで字のごとく、清掃とは"掃き清める"ことなのです。

　この基本を土台にして、清掃は次の3つのステップを踏みます。

❷ステップ1：日常清掃

　ステップ1では、床や通路それに機械、設備を徹底して磨き上げて「キレイにする清掃」です。これは「ピカピカ作戦」などと呼ばれ、ホウキで掃き、雑巾で拭くことを基本として日々行われます。また、年に2回から4回ほど、全社をあげて一斉に大掃除として「集中清掃」を行い、清掃を業務の中に浸み込ませ、「日常清掃」として認知し、かつ習慣化していきます。

❸ステップ2：清掃点検

　ステップ2では、単に「キレイにする清掃」をもう一歩深めて、キレイにした職場に、何らかの不具合点を感知できるような仕組みを組み込んでいきます。これは「感知する清掃」であり、機械設備では欠陥部分をいち早く感知、発見し、故障を未然に防ぐような保全活動へとつなげていきます。このような日々の点検を清掃業務の中に浸み込ませ、「清掃点検」としての業務を確立、習慣化していくのです。

❹ステップ3：清掃保全

最後に、ステップ3では、「清掃点検」によって感知、発見した不具合点や欠陥を復元または改革・改善します。この時、作業者がその場ですぐにできる復元や改革・改善は「即時改革」とします。また、これが困難なものは、保全部門へ依頼をして復元・改革・改善を行います。このように清掃点検業務に復元や改革・改善といった保全業務を浸み込ませて「清掃保全」とし、これを習慣化していきます。このようにステップ1からステップ3までを通して見ると、そのポイントの流れはまさに、清掃とは「点検」であることがわかります。

図 1-24 ｜ 清掃3つのステップ

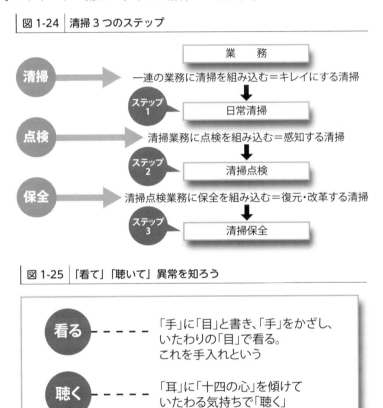

図 1-25 ｜「看て」「聴いて」異常を知ろう

要点 ノート

清掃はただキレイにするのではなく、職場を清掃しながら不具合はないか、問題は発生していないか、故障している箇所はないか、清掃しながら職場を点検することです。

3 これだけは知っておきたい「5S」の基礎知識

3Sの習慣化から原点対処を行う仕組みづくり

❶汚染は広がる

　汚れとか汚染とかは拡散する性質をもっています。原点となる箇所は小さいのですが、時が経つにつれてどんどんそれらは広がっていき、範囲が大きくなっていきます。廃油や排水などによる川や海の汚染、排気ガスや排煙による空気の汚染など公害といわれるものはすべてこのたぐいです。そして、これらは広がってから対処しようとすると膨大な費用がかかってきます。その源流で対処する方が汚染範囲の広がりも小さく、対策もより楽になります。

　床に溜まった油とか切粉もこれと同じです。放置しておくとドンドン広がります。靴底に油や切粉がつき、歩けば油や切粉はますます拡散します。工場の床がいつも油だらけ、切粉だらけとなってしまいます。

　それではどう対処したらよいのでしょうか。答は「より根元で対処する」ことです。テレビのコマーシャルではありませんが「クサイ臭いは元から断たなきゃダメ！」とか、ことわざどおり「クサイモノには蓋をしろ！」なのです。

❷汚れは原点対処

　異臭を放つ物体をなくすか、それができなければその物体に蓋をするしかありません。工場でいえば、油の漏れている箇所や切粉の出ている部分を見つけ出し、より原点に近い所で対処することです。だから機械の下に長々と寝ているオイルパンは要りません。油漏れは1つひとつ原点で対処する「1個改革・改善」でないと真の清潔にはなり得ません。

　つまり、清潔とは「汚すな」であり、汚れの原点を見つけ、「汚れない仕組み」にしなければならないのです。

❸「なぜ」という疑問で真因を追求する

　このように3Sを維持していくには、図で示すように大きく2つの段階があります。1つは、整理、整頓、清掃といった3Sが乱れたら元のキレイな状態にするための「3Sの習慣化」です。

　次の段階として、習慣化した3Sのすべてのことに「WHY」という疑問をもち、より原点に近い所で対処するための「崩れない5Sづくり」が要求されます。

3Sは崩れるものです。3Sが崩れれば、結果的に清潔を含めた4Sが崩れることになります。

4Sを維持するには「躾」が第一です。次に4Sが崩れない「知恵」、これを職場に根づかせる「実行力」が必要です。このためには、「なぜなんだろう？（WHY）」という単純な疑問が原点となります。

図 1-26 | 3S を維持するための 2 つの段階

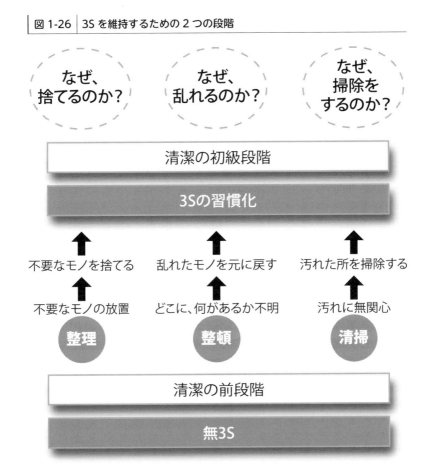

要点 ノート

「なぜなんだろう？（WHY）」という疑問を追求することで、問題の真因をとらえ、原点で対処し、整理、整頓、清掃の 3S を維持しましょう。

【3】これだけは知っておきたい「5S」の基礎知識

予防3Sとは

❶清潔ってどのようなもの

　清潔という言葉はある行為を表現しているのではなく、ある一時点の状態を表している言葉です。このことから清潔とは「整理・整頓・清掃の3Sを維持する」こととして定義できます。

　なぜなら清潔は、3Sといわれる整理・整頓・清掃の3Sとはいささか趣を異にする言葉で、これまでの3Sはすべて「整理する」「整頓する」「清掃する」というように動詞で用いることができますが、一般には清潔は「清潔する」とはいわず、「清潔にする」と表現します。

　この清潔といういい方は大変に抽象的です。その割には大変によく使われる言葉でもあります。

　清潔なヒト、清潔な部屋、清潔な工場、清潔な街……など何にでも清潔という言葉を頭につけてよく使われます。そのくせ、清潔な街とはどんな街ですかと尋ねても、「何となくキレイな街だから」という答えが返ってきます。

　このようにキレイと清潔とは隣り合わせの言葉として使われることが多いようです。

❷3Sが維持された状態

　さらにもう一歩、突っ込んで尋ねると、たとえば清潔な街では「ゴミが散らかっていないから」「並木道が整然としているから」とか「家がキレイで、家並みが整っているから」などといった答えが返ってきます。

　これらの答え1つひとつは整理、整頓、清掃のことをいっているのであって、これらを統合して、かつ維持されている状態を「清潔」といっているにすぎないのです。

　3Sの乱れをくい止めたり、かつ3Sを習慣化して「完成された3S」を維持していくことが清潔の基本といえるのです。

❸予防3S

　しかし、清潔はこれで終わってしまってはダメなのです。より奥の深い清潔の真髄に進むには、ここで1つの疑問をもち、習慣化した3Sのすべてに「WHY」という疑問をもち、より原点に近い所で対処するための「崩れない

5Sづくり」が要求されます。たとえば、「なぜ、捨てるのか？」⇒不要なモノが発生するから⇒【不要なモノが発生しない仕組み】予防整理、「なぜ、乱れるのか？」⇒戻すから⇒【戻さなくてよい仕組み】予防整頓、「なぜ、掃除をするのか？」⇒汚れるから⇒【汚れない仕組み】予防清掃などがこれに当たります。

図 1-27 予防 3S とは

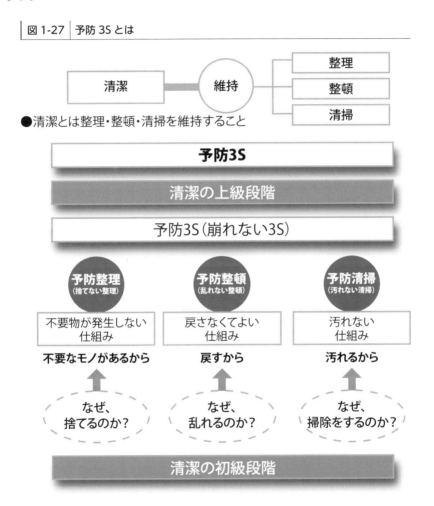

要点 ノート

不要なモノが発生しない仕組みをつくる「予防整理」、戻さなくてもよい仕組みをつくる「予防整頓」、汚れない仕組みをつくる「予防清掃」の「予防 3S」により清潔を維持する仕組みをつくります。

3 これだけは知っておきたい「5S」の基礎知識

躾づくりの前提「3愛の心」

❶躾ける側の備えるべき条件

　管理者にしろ、現場リーダーにしろ躾ける側の人間の備えるべき条件は「愛」です。これは人間としての基本的条件といえます。自分が生きてゆく根底で、ヒトを愛し、自然を愛し、モノを愛します。こんなごくごく当たり前の心が躾を行うための基本原則なのです。

　そして、躾ける側は、この当然とも思える基本原則をしっかりと身につけていて、なおかつ3つの愛する心が必要となります。それは、「ヒトへの愛」、「地への愛」、「モノへの愛」の3つです。

❷ヒトへの愛

　職場がどんなに機械化しようとコンピュータ化しようと、それをつくり上げ、運営する基本要素の1つはヒトです。

　そのヒトには上司と部下がいて、そこに叱り手と叱られ手が存在します。そこにはすべてのヒトを愛する気持ち、思いやる気持ちが脈々として流れていないと、躾を行う資格はありません。

❸地への愛

　ヒトは生きている限り必ずどこかに身の置き所、心の置き所をもっています。そしてその中で自分を見つめ、自分を育てていきます。

　会社に勤める者は、多くの時間、仕事をする職場に身を置くことになります。この中でヒトは悩み、多くの教えを受け成長していきます。この自己実現を図る職場という地を愛せない者が仮に躾を行ったとしても、それは虚しいものです。それはあたかも、道場を愛せない柔道家やトラックを尊ばない陸上選手のようなものです。自分を育ててくれる地を愛する心が大切です。

❹モノへの愛

　ヒトがいて職場があって、そこでモノがつくられたり、モノが取り扱われたり、サービスが提供されたりします。このつくられたモノや取り扱われるモノ、そして提供されるサービスへの愛情はより強くもちたいものです。それは己のすべてを注ぎ込んだ結晶であり、己を語るものです。そこには自分の歩んできた道がシッカリと刻み込まれているのです。そこにアクティブな自分の軌

跡をうかがうことができ、自分というアイデンティティが主張できるのです。

　躾を行うヒトはこのよう「ヒトへの愛」、「地への愛」、「モノへの愛」の3つの愛が溶け合っているからこそ、叱られる側もその指摘を受け止めることができるのです。このような3愛の心が部下、職場、製品・サービスを大きく伸ばす源泉となるのです。

| 図 1-28 | 叱り上手 10 の禁句 |

①「これもそうだけど、あれも…、それから…」
　　ジクジク叱らない……ポイントを1つに絞れ

②「また失敗したのか…だからいったろう」
　　失敗をクドクド叱らない……50点で良い、実行力を買え

③「何が言いたいんだ。ハッキリしろ!」
　　結論を急いでセカセカ叱らない……話をちゃんと聴け

④「お前は頭が悪いなぁー」
　　どうしようもない欠点をズバリと叱らない……長所を見つけろ

⑤「ダメだな、お前は!」
　　あまりにも簡潔にサラリと叱らない……育てるためにじっと待て

⑥「これはこういうことで…だからああなって…そして、こうなって…」
　　時間をかけてダラダラ叱らない……緊張感は一瞬と思え

⑦「ちょっと叱りすぎたかなぁ…」
　　自信をなくしてナヨナヨ叱らない……叱る姿勢を守れ

⑧「こんなの部長が見たら、大変だぞ」
　　上司を持ち出してミエミエで叱らない……冠を捨てろ

⑨「そうだよ、部長のいうとおりだよ」
　　上司を立ててペコペコ叱らない……自分の意見を持て

⑩「てめーは、バカか」
　　悪口でガサツに叱らない……悪口だけを吐くな

要点 ノート

躾を行う側の基本原則は「ヒトへの愛」「地への愛」「モノへの愛」の3つの愛を心に宿していることです。そして素直な気持ちで叱られる「叱られ上手」がこれを受け止め職場の絆をつなぎます。

3 これだけは知っておきたい「5S」の基礎知識

躾づくり5つの方策

❶嘆くより実践しよう

　躾のない会社の責任は、そのほとんどが会社のトップや幹部にあります。社長や工場長は、「5Sがすぐ崩れる」とか「躾ができていない」といってけっして嘆いてはいけません。嘆く前に、どうしたら躾づくりができるのかを考え、実践すべきです。なぜなら、嘆いていても1つも躾は身につかないし、躾は一朝一夕ではできるものではないからです。躾はその会社の文化であり、歴史でもあるからです。嘆いたり、憂いたりする前に、次ぎに示す方策を1つずつ、着実に実践することです。

❷目で見る職場

　工場や事務所では、「目で見る管理」と呼ばれる、正常な姿と異常な状態が誰が見てもひと目でわかり、問題に対処できるようになっている管理が求められます。そのためにはモノの流し方、情報の流し方、作業のやり方、管理の仕方など、あらゆることがひと目でわかるようになっている職場が前提となります。

❸叱る

　5Sの状態が正常か異常かがひと目でわかるように、「目で見る5S」が徹底で

図 1-29 　躾をつくる5つの方策

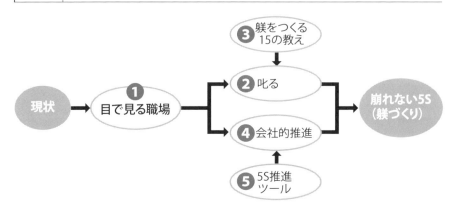

きたら、異常な状況に対して、激しく叱ることができるのです。また「なぜ、異常なのか」とか、「なぜ、乱れたのか」といった疑問とともに、その真因を追求していきます。

❹躾をつくる15の教え

職場の5Sの乱れに対しては必ず、その場で叱ることです。この叱る時に、叱る行為を支える規範となるものが「躾の教え」です。

家庭では「朝起きたら、おはよう」「握り箸はダメ」「脱いだ靴はキチンと揃える」など、子供のころの躾には必ず教えがありました。これと同様、工場や事務所にも、長い経験から引き出された、「安全は、すべてのことに優先する」のような教えが存在します。

❺全社的推進

5Sは1人の社員が実践しても、また特定の課だけが進めても成果に結びつきません。トップが先頭に立った全社的な展開と推進が必要となります。「5S運動」や「5S月間」として全社的推進を図るのです。そして、「5Sコンテスト」や「5S表彰制度」などで実施内容を全社に広めることが大切です。

❻5S推進ツール

全社的に5Sを推進するには、推進をより強力にするための道具が必要となります。それが「5S推進ツール」です。ツールは、お金をかけた豪華一点主義より、「5Sバッジ」や「5S腕章」、「5Sニュース」や「5S手帳」など、全社員に広く行き届くものの方がより効果的です。

図1-30 5S活動定着の5つのSTEP

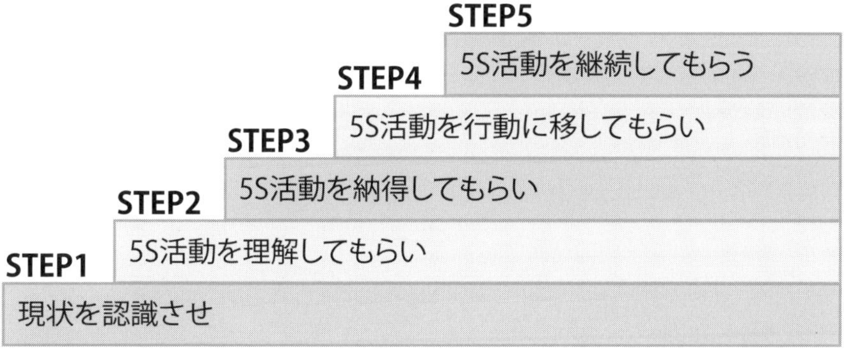

STEP5
5S活動を継続してもらう
STEP4
5S活動を行動に移してもらい
STEP3
5S活動を納得してもらい
STEP2
5S活動を理解してもらい
STEP1
現状を認識させ

要点 ノート

ただ闇雲に躾といっても何から手をつけて良いのかが、わからない場合が多いようです。自分たちの職場を「目で見る職場」にし、理にかなった叱り方をして、叱れる環境を整えることから始めましょう。

コラム

● 激動社会の中でも5Sは生き残る ●

　戦後順調に走り続けてきた日本ですが、現在は非常にもがき苦しんでいるように思えます。これまでヨシとされてきた同一路線をそのまま長く続けてくると、どうしても歪みのようなものが生じてきます。それは政治にはじまり、行政、教育、宗教、都市、企業といったすべてに現れてきているように感じます。そして、いたるところで改革やイノベーションといった言葉が聞かれます。こうした状況の中に身を置く企業では、生き残りをかけ熾烈な活動がなされています。

　このような明日をも見通せない経済社会であっても、5Sはしっかりと根を下ろしています。5Sは「整理・整頓・清掃・清潔・躾」であり、整理とは「要るモノと要らないモノをハッキリと分け、要らないモノを捨てる」ことです。

　日本の経済社会に大激震が押し寄せている現在、生活様式の多様化、個の主張、物質からの人間保護、IT革命、海外への製造移管、海外からのヒトの流入、価格破壊、地球環境保護の高まり、国際企業間競争の激化など、大変革の時代を迎えています。

　こうした経済環境の中で生息する生き物が企業です。激変する環境にうまく適応できない生き物は、ダーウィンの進化論にあるように自然淘汰されてしまいます。整理でいう「要る企業と要らない企業をハッキリ分け、要らない企業は捨てる」そして、「残った要る企業を使いやすいように配置する」整頓が行われているのです。

　今、企業は生き抜くために変革を余儀なくされているのであり、その基礎とされるのもまた「5S」なのです。

先の見通せない社会でも
「5S」はシッカリ根をはっている

第2章

5Sを進めるための前準備

1 職場の5Sチェックポイントを確認する

6つの生産要素から
5Sをチェックする

❶「生産の対象品目（Material）」
　生産の対象品目が「どこに」「何が」「いくつ」あるのかを常にハッキリわかる状態にしなければいけません。

❷「機械設備と治工具（Machine）」
　機械設備の稼動状況をひと目でわかるようにしたり、清掃に点検を組み込むことで設備保全や品質向上につなげたりするには、5Sが重要です。また、ヒトや機械設備の作業を一層やりやすくし、かつ一定の品質を保つために、生産の補助道具として、治工具、型、そして測定器などがありますが、これらは使ったら必ず元の置き場に戻さなければいけません。これらの置き場では誰でも見つけやすく、使いやすく、戻しやすい置き方を決めて、乱れがひと目でわかるように管理できるようにします。

❸「作業組織とレイアウト（Machine Layout）」
　組織とレイアウトは非常に密接な関係を示し、組織に合わせた作業方法におけるモノの動きとヒトの動き、そして機械の能力などで配置が決められます。
　それぞれの組織に合わせた配置でも、職場やライン、工程といった場所がどこなのかを誰にでもわかるようにハッキリと明示しなければなりません。

❹「作業者と作業方法（Man & Method）」
　どの担当者がどの工程をもち、どのような作業順序で作業をするのか、やはり工程の名称や作業者名がすぐにわかるようにします。そして、それらの工程で取り扱う部品、治具や工具などのことが作業者にハッキリとわからなければ作業ができず、品質を保つことができません。そこには5Sで現在の作業に必要なモノ以外は置かないようにする「整理」が必要で、残った必要なモノがどこに何がいくつあるかわかるように「整頓」しなければなりません。

❺「作業管理と生産管理（Management）」
　標準作業により質、量、コスト、安全を考慮して、仕事のやり方を決定し、つくり方のルールを明確にします。この標準作業を決めるのに必ず必要となるのが5Sです。製品ごとに工程やラインでの日程を中心にした生産管理では、何を（品目）、いくつ（数量）、いつまでに（納期）が管理要素となり、良否の

判断はこれらを基本にしています。全体の生産計画から工程やラインごとの品目、数量、納期を割り出して生産予定を作成し、これと生産実績を比較して予実管理を行うのです。工程管理、日程管理、進捗管理などとも呼ばれます。ここでも、実績を把握するにあたり何を、いくつできたかわかるようにします。

❻「生産と情報（Information）」

その生産に必要なモノと必要でないモノを「整理」で分け、何が、いくつ、いつ使われるか「整頓」でわかるようにしなければ、現場は混乱してしまいます。

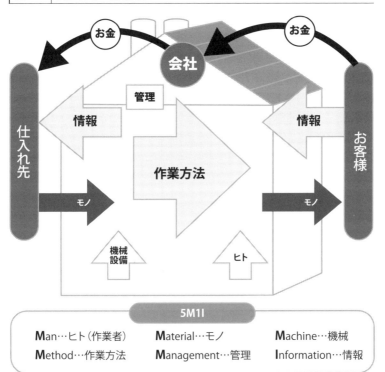

図 2-1 製造現場の構成要素 5M1I を 5S でチェック

> **要点ノート**
> 6つの生産要素がもっとも効率的になるような状態に維持し、正常・異常がすぐにわかるようにします。こうしたことで、5Sは企業の基礎・土台あるいは根としての役割りをしているのです。

1 職場の5Sチェックポイントを確認する

職場の固定観念を取り除き行動に移す

❶固定観念とは

　5Sを社内で実行しようとすると、製造現場や事務部門、営業部門にいたるまで5Sに対するさまざまな抵抗と、それを裏づけするような固定観念が浮き出てきます。固定観念とはいつも頭から離れないで、そのヒトの思考を拘束す

図2-2　「5S抵抗の12項目」と対策

- 対策1　"職場の照れ"をまず取り除くことから始める
- 対策2　"社長の自尊心"をまず捨て去ることが要求される
- 対策3　"職場のあきらめ"を根こそぎ取り去る
- 対策4　"5Sの効果"を飲み込ませる
- 対策5　"管理者の無関心"を徹底して排除する
- 対策6　"職場の見栄"だけでは会社は真に良くならない
- 対策7　"事務の孤独"をオープンにし、誰でもひと目でわかるようにする
- 対策8　5Sは流行りではなく、改革という畑の土壌づくり
- 対策9　"間接部門の無関心"を改める意味でも5Sは全面的に展開
- 対策10　「忙しい！」といっているヒトほどムダな動きが多い
- 対策11　"職場の感情のもつれ"は時間をかけて1本1本解きほぐす
- 対策12　"職場の身勝手"は、モノづくりの全体のリズムを乱す

るような考えや、心の中に凝り固まっていて、他人の意見や周りの状況によって変化せず、行動を規定するような観念です。そのような固定観念から生まれてくるいろいろな抵抗群を12項目にまとめてみました。

❷「5S抵抗の12項目」
抵抗①「いまさら整理・整頓なんて」
抵抗②「5S運動の委員長を、社長のオレがやるのか」
抵抗③「どうせすぐに汚くなるんだから」
抵抗④「整理・整頓なんかしたって、業績が上がるわけではない」
抵抗⑤「そんなつまらないことで、とやかくいうのはどうも」
抵抗⑥「整理・整頓なんて、すでにできている」
抵抗⑦「これだけ書類が散らかっていても、オレにはわかるんだから」
抵抗⑧「そんなものは、20年も前にやったよ」
抵抗⑨「5Sや改革は現場の問題だ」
抵抗⑩「忙しくて、整理や清掃をやっているヒマがない」
抵抗⑪「お前に命令されてやるのはイヤだ」
抵抗⑫「いーじゃないか儲かってるんだから、オレの好きなようにやらせて」

❸「改革の基本精神10箇条」
　このような固定観念を捨て去り、5Sという改革活動を実行するために「改革の基本精神10箇条」なるものが存在します。
　まずは、固定観念を捨てることから始まります。そして、活動を実施していくうえでできないという理由が出てきた場合は、やる方法はないか考えます。また、言い訳が出てきたらまず現状を否定しましょう。実施にあたり100点を求めすぎて、なかなか手がつけられないのであれば、50点で良いのですぐに実行に移していきましょう。そして間違えたらすぐに直せば良いのです。ただしその際、改革はお金をかけずに実施することです。また、悩みこまり果ててくると本当のチエが出てくるものです。そして、なぜ、なぜと5回問いかけることで本当の真因を追求します。たしかに知識も重要ですが、職場のメンバーのチエを集めて改革を進めましょう。チエとは知識や教養ではなく、物事を正しくとらえる力です。そして、世の中が時間の流れとともに常に変わっていく以上、それに合わせて改革活動も無限に続くのです。

> **要点ノート**
> 5S活動を実行する前に、各人の固定観念から生まれてくる抵抗を取り除きましょう。固定観念を取り除くことで、活動に対するプラス思考へと変わり、活動実行への行動につながります。

1 職場の5Sチェックポイントを確認する

5S活動の目的をハッキリさせる

❶目的を見失っていないか

　5S活動をスタートさせる際、「整理・整頓・清掃・清潔・躾」と聞き「キレイにすれば良いのだ！」とばかりに活動を開始してしまいます。このような場合、すぐに活動自体が形骸化されてしまい、マンネリ状態となり、いつしか「整理・整頓」という標語や垂れ幕だけが残り、そこには元の乱れた現場が存在してしまいます。

　目的をもたない5S活動では、「5S」を行うこと自体が目的になり、本来「企業生き残りの基礎」としての「5S・3定」の目的はどこにも見当たらなくなってしまうのです。。

❷激変する経営環境

　今の世の中、経営環境が常日頃変化し続けています。そんな中で、今まで企業存続のための基盤が激しく揺さ振られたことを5つにまとめてみました。
①拡大成長からゼロ成長へ　―量的成長から質的成長への転換―
②オールドコンセプトの崩壊　―スケールメリットからスモールメリット―
③アジア経済の目覚め　―国際分業のさらなる進展―
④地球自然環境との共生　―環境問題に対する意識の高まり―
⑤異業種間競争と国際的再編成　―業界、グループ、国を越えての大競争―
　以上のような現象が、さまざまな業種、企業が受けている環境の変化です。

❸変化の時代に生まれた経営ニーズ

　これまでの工場のテーマは「Quality：良いモノを、Cost：安く、Delivery：早く」つくるといった3拍子の要素が中心でした。しかし、先のような世の中の変化が起きている状況では、この3要素だけではどうしても変化に対応できませんでした。そこで企業が将来、生き続けるための新たな4つの要素（多品種化：Products、問題のオモテ化：Inventory、生産保全：Maintenance、安全第一：Safety）が加味され、その変化にいかに対応し、企業自体を変革させなければいけないか、具体的な7つの経営ニーズを次にあげてみました。
①多品種化対応（Products）
②問題のオモテ化（Inventory）

③コスト削減（Cost）
④品質保証（Quality）
⑤生産保全（Maintenance）
⑥短納期対応（Delivery）
⑦安全第一（Safety）

以上7つの「PICQMDS」を「ピックエムディーエス」といい、これらに対応していくことが「5S・3定」の本来の目的です。

図 2-3 7大効果を実現する7ゼロ指標

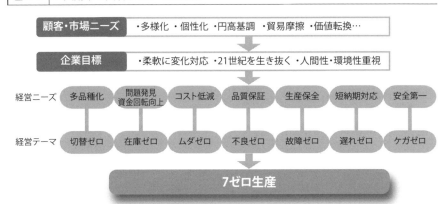

> **要点** ノート
>
> どんな活動でも、それを実施する目的が必要です。何のためにという目的がないと活動の方向性が定まらず、ましてメンバーが多いほどそれぞれ目指すべき方向がバラバラになり、活動自体が迷走してしまいます。

1 職場の5Sチェックポイントを確認する

職場の5Sの現状を数値化する

　5S・3定活動を始めるにあたり、自分たちの職場は現状どのような状況なのか、各職場が一律に評価できるもので現状を自覚しましょう。そのために利用するのが、「5S・3定チェックシート」です。整理・整頓・清掃・清潔・躾の各項目について評価を行います。

❶整理
　必要なモノ、必要でないモノという考えを基にして、モノ、機械、情報などで必要でないモノが職場に置き去りにされてないか評価します。また、必要でないモノが置かれていても、ひと目で判断できるようになっているか、また、不要なモノを廃棄する基準はあるかなどの観点から職場を評価します。

❷整頓
　3定といわれる定位・定品・定量表示がキチンとされているか。通路と作業区など区画線でハッキリわかるようになっているか、治工具などが使いやすいように置かれているかなどを評価します。

❸清掃
　床や機械などにゴミ、チリがないか、清掃度合いはどうか、清掃分担が決められているか、さらには清掃と点検が一緒に行われているかなどを評価、確認します。

❹清潔
　職場の換気や採光などの環境面の評価と、服装の汚れなど個人の身の回りの評価、そして整理、整頓、清掃の3Sのシッカリとした仕組みができているかまで評価します。

❺躾
　服装、挨拶、時間遵守、朝・夕の伝達事項など社内ルールが決められ、それを一人ひとりが守っているかを評価します。こうして客観的な眼でチェックシートを使い、製造現場や間接職場など各職場を評価することで、職場の弱い項目が浮き彫りになります。すると5S・3定活動の重点ポイントが見えてきます。また、継続的に評価することで、各職場の5S・3定の評価が数値として表されます。

図 2-4 　5S・3定チェックシートの例

5S 評価点	No.	チェック項目	チェック内容	採点枠 0点	1点	2点	3点	4点
整理 /20点	1	不要な材料・部品はないか	在庫品・仕掛品で不要なモノはないか					
	2	不要な設備・機械はないか	設備・機械で使わないモノはないか					
	3	不要な治具・工具・金型はないか	治工具・金型・刃具・備品類で使わないモノはないか					
	4	不要なモノがハッキリしているか	不要物がひと目でわかる					
	5	要・不要の基準はあるか	捨てるための基準ができているか					
整頓 /20点	6	場所表示はできているか	所表示と丁目表示と番地表示の看板はあるか					
	7	品目表示はできているか	棚品目表示とモノ品目表示の看板はあるか					
	8	量表示はできているか	最大在庫量と最小在庫量の表示はあるか					
	9	通路・仕掛りなどの区画線はあるか	白線などでハッキリわかるようになっているか					
	10	より使いやすい、戻しやすい工夫があるか	治工具などの合理的な置き方が工夫されているか					
清掃 /20点	11	床にゴミ、水、油などないか	床がたえずピカピカになっているか					
	12	機械にチリ、油モレはないか	機械の掃除をたえずしているか					
	13	機械の清掃と点検が同時か	清掃点検になっているか					
	14	清掃の分担制があるか	当番制や担当制になっているか					
	15	清掃は習慣化されているか	掃く、拭くの習慣化はできているか					
清潔 /20点	16	排気や換気は良いか	粉塵、臭いなどで空気が汚れていないか					
	17	採光は十分か	角度、照度など明るい感じがするか					
	18	作業服はキレイか	油などで汚れた作業服を着ていないか					
	19	汚れない仕組みづくりはあるか	汚してから清掃ではなく、汚れない仕組みはあるか					
	20	3Sを守るルールがあるか	整理・整頓・清掃を守る仕組みはあるか					
躾 /20点	21	決められた服装か	服装に乱れはないか					
	22	朝夕の挨拶はできるか	スレ違い挨拶はハッキリといえるか					
	23	喫煙や会議時間は適切か	場所や時間は守られているか					
	24	朝夕礼でのルールの確認はあるか	規則や作業方法についての徹底はされているか					
	25	ルールや規則は守られているか	一人ひとりが守ろうとしているか					
全体 /100点		採点のバラツキを診る(件数を記入)		件	件	件	件	件

要点 ノート

職場の整理・整頓・清掃・清潔・躾の現状を数値として表すことで、徐々に職場の弱点が見えてきます。そして、そこから5S・3定活動の重点テーマを設定していきます。

1 職場の5Sチェックポイントを確認する

5S導入の手順を確認しよう

❶ただ「やれ！」では進まない

　5S・3定活動は「整理・整頓・清掃・清潔・躾」の言葉だけが先走り、すでに全員が知っているだろうと「やれー！」の号令だけでスタートしてしまうケースをよく見かけます。スタート直後は5Sが進むものの、次第に先細りしてしまい、やがては自然消滅し、スローガンだけが残ってしまいます。したがって5S・3定活動導入にあたってのステップをキチンと踏んで進めることが大切です。

①ステップ1：推進体制と役割を明確にする

　トップ自らが先頭に立ち、職制を柱にした全員参加の推進組織を組みます。そして、全社のキーとなる管理職中心とした推進室を設置します。

　また、各職場の長を集めた委員会組織を設け、部署をまたぐ横の展開や問題の対策ができるようにします。何よりも、各職制の役割と対象職場を明確にすることです。

②ステップ2：「TIPDCA」で活動サイクルと年間活動計画をつくる

　全社活動としてT（目的・目標）、I（あるべき姿）、P（計画）、D（実行）、C（確認）、A（対策）の活動サイクルを計画します。

　また全体の年間計画を立て、毎月の重点課題を設定し、各部署の計画に落とし込みます。そして毎月の報告会設定と年に最低でも2回、中間報告と全社報告を行う計画を盛り込みます。

③ステップ3：活動宣言を行う

　全社に向けて5S・3定活動の目的・目標、推進体制と計画をトップ自らが、なぜこの活動が必要かを含めて情熱を込めて宣言します。そして、各部署は自分たちの目標と本来あるべき姿を宣言します。

④ステップ4：社内教育と啓蒙を行う

　5Sの目的・目標や、整理・整頓・清掃・清潔・躾の定義や効果、そして具体的な活動の進め方など、推進室が中心となり、一般社員やパート、アルバイトに教育を行います。

⑤ステップ5：5S・3定の実践にあたっての行動指針

5S・3定活動の実践にあたっては、「3現3即3徹」という行動指針があります。3現（現場・現実・現物）、3即（即時・即座・即応）、3徹（徹頭・徹尾・徹底）を表し、3現には「感性」、3即には「行動力」、3徹には「こだわり」の意味もあります。

このように、導入までのステップを踏み、全社で進めることが、活動をスムーズに行うことにつながり、5S・3定活動の効果を引き出し定着させるための前提です。

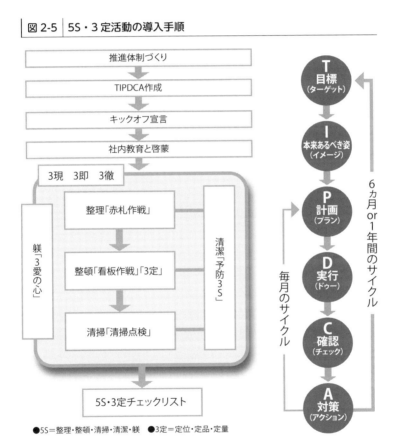

図 2-5　5S・3定活動の導入手順

●5S＝整理・整頓・清掃・清潔・躾　●3定＝定位・定品・定量

要点ノート

シッカリと準備をし、計画を立てることが5S・3定活動の実践では不可欠です。活動が始まってからアタフタすると、それだけで時間が過ぎてしまいます。牽引役は「推進室」が担当します。

1 職場の5Sチェックポイントを確認する

職制ごとの5Sの役割と活動範囲を明確にする

❶推進体制をつくろう

　5S・3定活動を職場で実践することを"5S運動"とか"5S作戦"などと呼んでいます。5S・3定活動を進めるには、まず全社員が参加し実践できるような推進体制をつくることから始めましょう。

　改革などの施策以前の対策として、まず、5Sをシッカリやろうと決意することです。小さな工場や製造部門だけで進める、コンパクトな5S・3定推進体制の組織例では、理屈よりもまず現場で5Sを実行することを重点とし、5Sに関係する人数もそれほど確保できないため、いかに少人数で実行していくかがポイントとなります。

❷役割を明確にしましょう

①5S推進委員長：5Sの旗振りは社長が行います。規模の違いはあっても、会社や事業所、工場のトップが担当します。

②5S推進室：5S・3定活動推進の中心です。全社に顔が知れ渡り、牽引役となれる人材を室長に置きます。推進室には会社での一番の知識者で、委員長のブレイン的存在を置きます。下には、事務局を設置します。

③5S推進委員会：これは職制にあたる部長、課長クラスが中心となり、委員会組織を組みます。部署間の共通事項の調整や活動の支援を行います。また、推進室とともに月2回あるいは週1回の点検日を設け、定期的に現場を点検し、5S・3定の不備の指摘と実践方法を指導していきます。

④5Sリーダー：各職場の職制上での責任者が担当します。職制をリーダーとして置くことで、職務として5Sを位置づけます。下にはサブリーダーを設け補佐をしてもらいます。

⑤5Sマン：5Sを実際に実行するメンバーで、職場のリーダーや一般職のヒトがなります。現場で5Sを実践しながら理論を学んでいく徹底した実行部隊です。

⑥5S技術部隊：5S実行部隊が手を焼いているような設備改革・改善など技術面を側面から援助します。

❸推進室と推進委員会

　推進室は活動の推進役を担う重要な役目をもちます。活動計画の設定や各部署の計画と実績についてのフォローなど、活動の進捗把握を随時行います。そして、各職場の活動成果のとりまとめを行います。

　推進委員会は、部署単位では解決できないような共通事項の決定やレベル合わせ、フォローを行います。また、部署間の問題なども方向性を決め、解決していきます。推進委員会として全社巡回を行い、進捗把握や職場の乱れなどに目を光らせます。

図 2-6　推進体制の各役割

役職名	役割を一言で	具体的には何をするの？
推進委員長	旗振り役	・活動の目的・目標の設定と方針の決定を行う
推進室	実質的な推進役	・活動計画を設定し、活動の実質的な推進役を担う ・活動を実行に移す際に、各部署がいつ、何を行うかとりまとめる ・計画と比較して活動の推進把握を随時行い、活動の結果をまとめる ・全体の5Sの教育計画を立て、これを実施する
推進委員会	渉外係	・活動計画の設定承認と各部署間の連絡、すりあわせをを行う 　具体的には部署同士の共通事項の決定やレベル合わせ、フォロー、部署単位では解決できないことを実行に移す。月に1、2回の現場確認を行い、現場の乱れや計画に対しての進捗確認とフォローを行う
5Sリーダー	職場単位の推進役	・計画に基づき、職場単位の目標達成のための課題を立て、実行に移す
サブリーダー	リーダーのフォロー係	・随時、5Sリーダーのフォローを行う
5Sマン	大事な実行役	・活動の実施に合わせて、知恵と力を振りしぼる

要点 ノート

5S・3定活動を進めていくには、各職制の役割分担と活動範囲をハッキリと決めておき、活動の組織体制をシッカリとつくりましょう。そして、組織が決まったら顔写真入りの「5S推進組織図」をつくりましょう。

1 職場の5Sチェックポイントを確認する

対象職場と担当区分をハッキリさせる

❶責任の所在を明確に決めよう

5S・3定推進体制も決まり、いざ実施しようとなると、「自分の部署の担当範囲はどこまでだ？」という質問が推進事務局に舞い込んできます。まだまだ、活動をやりたくないという抵抗感がうかがえますが、5S・3定の実施に伴い、必ずといってよいほど各職場がもつ疑問です。

基本的には各エリアの担当責任者がいる部署が管轄となります。誰が責任者なのか、どの部署の管轄なのか、などの疑問は出てきます。その際は、その場所を一番多く利用する部署か、その場を必要としている部署が引き受けるように指示します。

❷当番制では責任の所在がハッキリしない

よく当番制をとり、周期を決めて職場もち回りにすることもありますが、1つの部署がいい加減だと、そこから崩れ始め、責任のなすりあいが始まってしまいます。できればハッキリと責任部署を決めて、範囲を割り振りましょう。

いずれにせよ、担当が決められていないエリアをつくってはいけません。「あそこの部署がやるだろう」、「誰かがやるだろう」という甘えの考えが蔓延し、責任の所在が不明確なままだと、そのエリアは無法地帯となってしまい5Sが崩れ始めます。

❸担当マップを作成しよう

推進体制が決まったら、推進室や委員会が中心になり各部署リーダーとともに、部署ごとの担当職場と範囲を必ず決めます。続いて職場レイアウト図や工場マップを作成し、各部署やチームの色を決め、担当職場や範囲を色分けし明確にしておきましょう。

また、担当エリアマップに責任者の顔写真を貼るのも良いでしょう。「ここのエリアは俺（私）が責任をもって5S・3定を実施しているんだ」という自覚も湧いてきます。

ここで注意しなくてはいけないことは、あくまで全社活動として会社を良くしよう、という目的で5S・3定活動を行っているわけですから、いくら範囲が決められたからといって、そこに意識の壁をつくってはいけません。

範囲以外のエリアでも、ゴミが落ちていたら拾うのは当たり前のことです。また、5S・3定が崩れていたら担当部署へ伝えましょう。そうすることで、他部署からも見られているという意識で、常に5S・3定の維持を心がけるようにしたいものです。

逆に自分の職場に落ちていたゴミを、他の部署の者に拾われた時には「恥ずかしい」と思うような意識が芽ばえてきたら活動も本物でしょう。

図 2-7　5S・3定担当エリアマップ

要点　ノート

担当範囲と責任の所在がハッキリとが決まったら、職場レイアウト図や工場マップを作成しましょう。また、範囲を色分けしてハッキリとわかるようにしましょう。「担当エリアマップ」に担当者の顔写真を貼るのも自覚を芽ばえさせます。

1 職場の5Sチェックポイントを確認する

「TIPDCA」の輪を回そう

❶目標は数値で

　5S・3定活動を始めると、誰もが「整理・整頓・清掃・清潔・躾」という言葉を知っているだけに、身近な所から手をつけ、個人個人がバラバラに実施してしまうケースがあります。また、汚い場所、乱れている職場が活動開始と同時に目につき、行き当たりばったりの5S・3定になってしまうこともあります。

　そのような活動で、「5Sはできた。もうこれ以上やることはない」という職場にかぎって、理にかなっていない表示やモノの置き場があり、時間とともに崩れ出し、活動前の状態に後戻りしてしまうのです。

　ではどのように5S・3定活動を進めていったら良いのでしょうか。まずは、活動の目標をハッキリと打ち出すことです。数値目標を出すことで、より具体的な計画が立てられます。

❷「TIPDCA」の輪を回す

　次にその目標を達成した時の「本来あるべき姿（イメージ：夢）」を描くのです。レイアウト図などで「本来あるべき姿」を描き、より具体的なイメージを打ち立てます。

　そして、目標、本来あるべき姿と現状とのギャップを埋めるために、5S・3定活動として何をしなければならないのか、5S・3定活動の手順を計画に盛り込んでいきます。

　計画ができればそれを実行に移し、目標とした数値が達成できているかを毎月チェックします。目標達成できなかった場合は、達成するためにはあと何を実行しなければいけないか、最低でも10項目の課題を打ち出し、それについてすぐに実行に移します。そして次の計画へとつなげていくのです。

　こうして5S・3定活動の、T（Target：目標）、I（Image：夢：本来あるべき姿）、P（Plan：計画）をハッキリと計画書にまとめます。あとは計画に基づき、D（Do：実行）、C（Check：確認）、A（Action：対策）の活動サイクルを回していくのです。これを改革のサイクル「TIPDCA：チップディシーエー」と呼んでいます。

第2章 5Sを進めるための前準備

　これまでは「PDCAの輪を回しましょう」といわれていましたが、いきなりP：計画は立てられません。計画の前に、活動の目的と現状に対してどうしたいかという目標があるはずです。そして、目標達成した場合にはこうなるという「本来あるべき姿」を描かなければ、具体策は浮んできません。T：目標とI：イメージ（本来あるべき姿）を計画の前にハッキリさせましょう。

図 2-8　5S・3定活動の推進計画

経営課題	目標指標
多品種化対応	段取り時間・段取り回数
問題のオモテ化	在庫金額・在庫回転率
コスト削減	少人化・省人化
品質保証	源流検査率・不良率
生産保全	稼働率・可動率
短納期対応	リードタイム・停滞率・納品率
安全第一	災害件数・環境クレーム・災害度数率

「7ゼロ生産指標」による目標指標

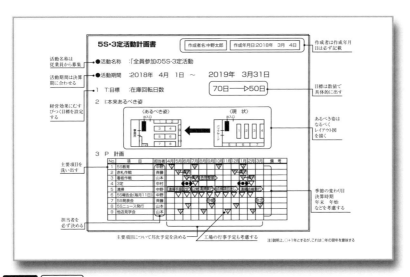

要点　ノート

「PDCA」だけでは方向性を見失ってしまいます。T：目標とそれに対するI：イメージ（本来あるべき姿）を描き、「TIPDCA」として活動をスムーズに回しましょう。

1 職場の5Sチェックポイントを確認する

5つの足並みを揃え同じ方向に進もう

❶足並みを揃えよう

　職場は一人で動いているものではありません。何人かが組織として動いているのです。そのような中で活動を行おうとした場合、各人がバラバラの方向を向いていては進むものも進みません。

　そこで、次に掲げる5つの項目について、一人ひとりが足並みを揃えることが、非常に重要なカギを握ります。

❷5つの足並み

①**意識を揃える**：ある従業員は「うちの工場はいつ閉鎖するかわからない」と危機感をもち、ある者は「うちの工場は赤字とは無縁」とばかりにダラダラと仕事をする。こういった工場ではいくら5Sを進めようとしても、各人の意識がバラバラでいっこうに活動が進まないのは目に見えています。

②**目的を揃える**：5S・3定活動を進めるうえで非常に重要なのが、何のために5Sをやるのか、という目的意識です。導入初期は活動が進み、職場がキレイに変わっていきます。ふと気がつくと5Sを行うことが目的になり、本来の目的を見失うことがあるのです。

③**目線を揃える**：ある職場の机が汚いとします。あるヒトは汚いと判断し掃除をします。あるヒトは汚れていないと判断し、掃除をしません。互いの汚れに関する目線が違うのです。また、「俺は上司だから、管理職だからあとはお前らがやっておけ」というような「上から目線」では活動は進みません。現場との目線を合わせることから始めましょう。

④**定義を揃える**：同じ整理という言葉でも要るモノと要らないモノを分けるだけのヒトと、要らないモノを捨てる、と考えはマチマチです。また、整理を片づけるだけと考えているヒトもいます。整理、整頓、清掃、清潔、躾についてそれぞれ定義を決め、文章化して会社全員で共有しましょう。

⑤**活動を揃える**：熱心な課長が朝早くから夜遅くまで、5S・3定の活動に精を出します。一方、課長がキレイにしているそばから、同じ部署の社員が乱していきます。自分が苦労して整理・整頓してないだけに、その大変さがわからなくなってしまうのです。活動は一人で進めるものではありません。

図 2-9 | 5つの足並み

足並み1：意識を揃える

疑問意識 → 問題意識 → 危機意識

足並み2：目的を揃える

目標はより具体的に

足並み3：目線を揃える

客観的に診る　　心の目線を合わせる

足並み4：定義を揃える

整理とは「要るモノと要らないモノをハッキリ分けて要らないモノを捨てる」こと

整頓とは「要るモノを使いやすいようにキチンと置き、誰でもわかるように明示すること

清掃とは「常に掃除をし、キレイにする」こと

清潔とは「整理・整頓・清掃の3Sを維持する」こと

躾とは「決められたことを、いつも正しく守る習慣をつける」こと

5S

足並み5：活動を揃える

全員参加

要点 ノート

「意識」「目的」「目線」「定義」「活動」の5つの項目で足並みを揃え、活動の方向を合わせましょう。活動がうまく進まない背景には、この5つの項目の足並みが揃っていないことが多いようです。

❪2❫ 「赤札作戦」の準備

「赤札作戦」の推進体制をつくる

❶赤札作戦の最高責任者はトップがなる

　赤札作戦は、日々コツコツと実行するのが望ましいのですが、どのような会社でも、年に少なくとも1～2回は会社総ぐるみで、赤札作戦を実施することが必要です。昔から日本で行われている年越し前の大掃除は、1年のホコリやチリなど汚れを一掃し、新しい年はキレイな環境で新しい心構えで迎えたい。そんな思いがあったのではないでしょうか。

　会社や工場、職場でもこの心の持ちようは、同じではないでしょうか。会社の企業活動の期間として、半期決算、年度決算などがあります。そこで在庫などの棚卸しを行い現状を把握しますが、その前に赤札作戦を実行します。この時、ただ職場まかせで行うのではなく、「赤札プロジェクト」を立ち上げます。このプロジェクトの最高責任者は、社長あるいは担当役員、事業部長などがなります。

❷資産のことを理解している役員を入れる

　不要原材料、不要仕掛り在庫、不要製品在庫、不要設備など続々と不要物が出てきます。これらは会社のアカ（垢）です。ヒトでも数日間お風呂に入らなければ、体にアカが溜まりますが、いろいろなヒトが多く働く会社は、ヒトの数だけアカも積もり溜まります。そこでトップ自ら先頭に立ち、会社のアカを落とすのです。

　また、メンバーにはすべての部門を参加させ、例外はなくすことが大切です。そして、各部署の管理職を中心にした委員会組織をつくり、部署間の横の連絡事項や、問題事項を速やかに解決できる体制を整えておきます。そこで、忘れてならないのは経理部門です。在庫や設備の処分時がかかわってくるので、資産についての判断ができる役員を必ず委員会組織に組み込み、赤札品の処分の際に的確な指示を出せるようにすることです。

❸パートからアルバイトまで体制に組み込む

　赤札作戦は1部署だけで行うものではありません。会社全体で実行し、会社すべてのアカを洗い落とすのです。

　実際の現場の状況を一番知っているのは、その職場で作業をしている作業者

のヒトたちです。日々の作業で要るモノ、要らないモノ、いつまでも放置されている仕掛り在庫など、現場の作業者が一番知っています。逆に、その職場の責任者や管理職クラスになると、在庫などを溜めてしまった問題を隠そうとしてなかなか不要なモノをオモテに出そうとしません。社員のみならず、パートやアルバイトも含む会社すべての従業員で実施し、会社のすべての問題をオモテ化するのです。

図 2-10 赤札作戦プロジェクトの例

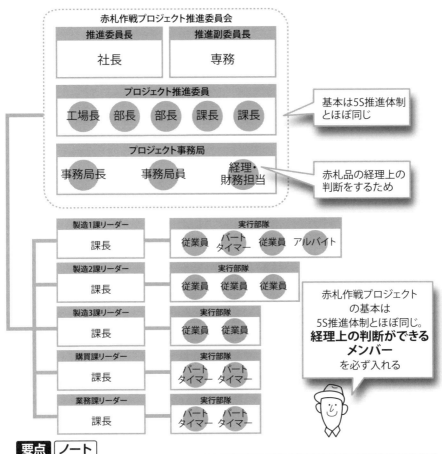

要点 ノート

赤札作戦の推進体制はトップからパート、アルバイトまで含めてつくります。その際、委員会組織には、資産についての判断ができる役員クラスを必ず入れることが大切です。

2 「赤札作戦」の準備

「赤札作戦」の対象品を洗い出す
－赤札の対象品は品目単位で分類する－

❶事務・間接部門と製造部門を分ける

　赤札作戦とは「要るモノと要らないモノを、誰が見てもハッキリとわかるようにする」ことです。これは会社全体にはびこっているアカを、浮き出させることなのです。アカは年数が経てば経つほど蓄積され、思わぬ所にも潜んでいます。

　はじめて「赤札作戦」を実行すると、まずは大モノなど目につくモノから始まり、続いて中モノ、小モノといった順に要らないモノが次々と出ます。

　そこで、対象品を見てみると、営業や経理、総務などの事務・間接部門であれば、要らない文書資料、机、ロッカー、文房具、カタログ、名刺、見積書などが対象となります。

　また、製造部門であれば、在庫、設備、治具、工具、刃具、棚、スペースなどです。在庫は、大きく倉庫在庫と仕掛り在庫とに分けられます。倉庫在庫は、原材料在庫、部品在庫、製品在庫などが対象となります。

❷対象エリアから見てみよう

　また、決められたロケーション以外、たとえば通路の脇とか机の上、作業台の下などのモノは要注意です。職場移動の際に以前の担当者が使用していたモノがそのまま残されているケースもあります。「前からあったから、そのままにしておいた」というのです。

　また、棚上や作業台下などは、特に備品類を必要以上に多くもっている場合がありますが、「予備として置かれている」場合が多いのです。予備を置くなというわけではなく、必要数を決めておくことが大切なのです。

❸赤札品を見きわめる切り口

　このようにして赤札品を見つけるにあたっては、大きく2つの見方があります。1つは「モノという対象品」に対して赤札品を見ていくやり方です。もう1つは、「職場の対象範囲」を絞って端から端まで見ていくやり方です。

　倉庫などは在庫などの「対象品」を分けて赤札品を洗い出す方法が多く、職場などは「職場範囲」を絞って赤札品を洗い出す方法が多く行われます。

　各職場で責任者が中心になり、それぞれの切り口から自分たちの職場で、対

象品の洗い出しをします。実際に赤札作戦で赤札を貼る前に対象品を洗い出し、分類していくことで、自分自身で溜めて職場の奥に追いやってしまった仕掛り品や、使用していない設備や治工具などで不要なモノが頭の中をよぎります。いずれにせよ、会社のアカはどこでも発生しているのです。

図 2-11　赤札対象品から不要物を見つける

製造・物流部門

在庫	原材料、購入部品、加工部品、仕掛品、組立品、半製品、製品
設備	機械、設備、車両、運搬具、作業台、キャビネット
治工具	治具、工具、刃具、測定具、金型
スペース	床、通路、作業区、壁、棚、倉庫、部屋

事務・間接部門

資料	議事録、業務報告書、稟議書、見積書、契約書、覚書、社内規定、経営資料、営業資料
機器	コピー機、パソコン、プリンタ、ファクシミリ、電話
文房具	シャープペンシル、ボールペン、マーカー、ハサミ、定規、ホチキス
備品	フォルダ、バインダ、キャビネット、ロッカー
その他	名刺、伝票、カタログ、パンフレット、図書

職場の要素はヒト、モノ、機械、作業方法、情報の5つに分類
赤札作戦の対象は「モノ」「情報」「機械」の3つ

要点 ノート

赤札の対象品を洗い出し分類していきます。推進員委員会でとりまとめを行い、事務・間接部門と製造・物流部門に分けます。品目単位の分類をして赤札作戦を実行します。

2 「赤札作戦」の準備

「赤札作戦」の貼付基準を決める
―時間軸を基に判断する―

❶基準は時間軸で

　赤札作戦で誰もが迷うのが、どんな基準で赤札を貼るのかです。「要るモノ」と「要らないモノ」を誰が判断してもわかるように、どう切り分けるかです。それでは、何を基準に「要るモノ」か「要らないモノ」か判断すれば良いのでしょうか。

　それは誰もが同じ立場に立って判断でき、抽象的な判断にならないもので、一般的には生産計画をもとに、先1カ月とか先1週間といった期間で、要るモノと要らないモノを区分けします。

　この判断基準をあいまいにしたり、甘く設定してしまうと、赤札作戦は失敗に終わります。予想以上に赤札品は出てきません。したがって問題もオモテに出てこなくなってしまいます。本来問題を表面化させるべき作戦なので、基準設定の際には、思い切って基準を短く設定すべきです。

　当然のことですが、先1カ月よりも先1週間の基準の方がきびしくなります。普通の工場で先1週間の生産計画で使わないモノに赤札を貼ると、工場の中はほとんどのモノが赤くなります。業種や業態にもよりますが、先1カ月からスタートするのが良いでしょう。

❷モノの量から基準を見てみよう

　材料在庫の基準設定の際には、在庫のデータ一覧を作成し、過去の使用数とデータ上での在庫数を見比べ基準設定をあらかじめ行っておくことです。また、その際に材料の購入ロット数や納入リードタイムも合わせて調べておかなくてはいけません。

　治工具、チップや予備品などは、現場まかせになってしまっている場合が多く、安心感のためか意外に多く抱えてしまっていることがあります。現場で赤札を貼りつけながら、その都度、現時点で使うか、使わないか判断し、その場で赤札品として除き、「赤札コンテナ」などを決め、回収して回る方法が有効です。

　赤札品として撤去されてはこまるとばかりに、隠そうとする職場も出てくる場合もあります。この場合は赤札作戦の趣旨をもう一度よく説明し、現状を理

解しもらい、問題をオモテ化することを納得のうえ、実行していきましょう。
　現物を目の前にして、治工具などのあまりの多さに驚くことでしょう。また赤札を貼ってそのままにしておくと、いつしか赤札がはがされどこかに隠されてしまうケースも多いのです。

図 2-12　赤札貼付基準の設定

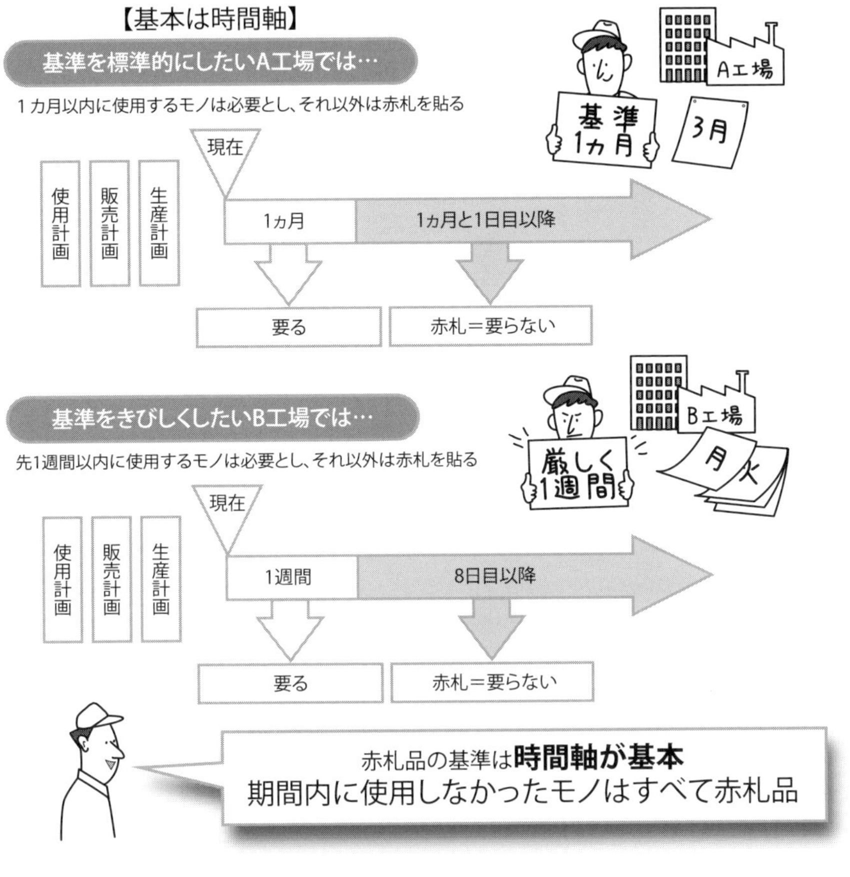
【基本は時間軸】
基準を標準的にしたいA工場では…
1カ月以内に使用するモノは必要とし、それ以外は赤札を貼る
基準 1ヵ月
Aエ場
3月
現在
使用計画
販売計画
生産計画
1ヵ月
1ヵ月と1日目以降
要る
赤札＝要らない
基準をきびしくしたいB工場では…
先1週間以内に使用するモノは必要とし、それ以外は赤札を貼る
厳しく 1週間
Bエ場
月
火
現在
使用計画
販売計画
生産計画
1週間
8日目以降
要る
赤札＝要らない
赤札品の基準は**時間軸が基本**
期間内に使用しなかったモノはすべて赤札品

要点 ノート

- 要るモノ、要らないモノは時間軸を基準に設定します。
- 生産現場では生産計画を、販売部門では販売計画を基にして赤札を貼るか、貼らないかの線引きを行います。

2　「赤札作戦」の準備

「赤札作戦」の赤札を作成しよう

❶「赤札」は赤色で

　実際に貼りつける「赤札」ですが、とにかく赤色で目立つものであれば、どんなものでも良いのです。赤い紙でも、赤いテープでも良いのです。赤スプレーで大きく×をつけた職場もありました。

　用途に応じて「赤札」は姿、形を変えて使われます。肝心なのは誰が見ても「不要なモノ」だとわかることです。

　また、要るモノか、要らないモノか判断に苦しみ、どちらかわからないモノに黄色で作成した「黄札」を貼りつけた企業がありました。案の定ほとんどの職場で「黄札」が横行し、黄色で染まり、改めて赤札作戦を行う羽目になってしまいました。

❷「赤札」には赤札品の情報を記載する

　また赤札作戦も行っているうちに、ただ赤紙を貼るのではなく、いろいろなニーズが出てきます。赤札品を集計したり、赤札置き場に移動したりする際に、最低限の情報として、通常次にあげる項目を赤札に記載しています。

①区分：赤札を貼ったモノが在庫なのか、機械なのかの区分を示します。主な区分としては、原材料、仕掛り品、製品、設備、治具、工具、金型、備品などがあります。

②品名：赤札を貼ったモノの品物名を記入します。

③品番：赤札を貼ったモノの品番を記入します。

④数量：赤札を貼った品物の数を記入します。

⑤金額：赤札を貼った品物の金額を記入します。

⑥理由：赤札を貼った理由を記入します。在庫であれば、主な理由として、不要品、不良品、不急品のいずれか。

⑦部門：赤札を貼った品物を管理している担当部門を記入します。

⑧処置：赤札を貼った赤札品をどう対処するのか記入します。

⑨貼付日：赤札を貼った日付を記入します。

⑩処置日：赤札品をいつ処置するのか予定日を記入します。

⑪整理番号：赤札の貼付枚数を通し番号で記入します。

以上の項目を基本に記載情報を考えてみましょう。

❸「赤札」にはお金をかけない

赤札は赤札品に貼るので、あまりお金をかけずに作成することです。以前、見た目良く貼りやすいようにと、シールになっているA4くらいの大きさの赤札を見たことがあります。たぶん1枚200円くらいはするでしょう。1000枚貼れば20万円です。不要なモノにそこまでお金をかけることはないのです。

図 2-13 | これが赤札作戦の「あかふだ」

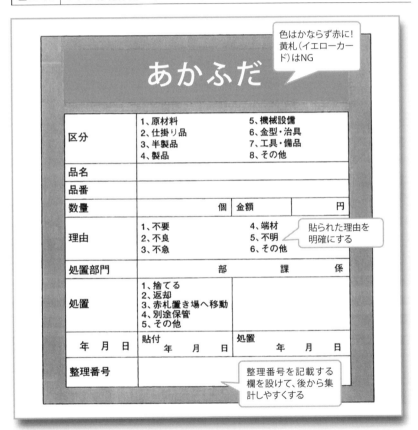

要点 ノート

「赤札」は「赤」色で作成し、誰でも不要なモノがひと目で判断できるようにします。赤札には赤札品の情報を記載できるようにし、赤札貼りつけ後の集計をやりやすくしましょう。

3 「看板作戦」の準備

どこに表示するか決めよう

❶家に表札があるように職場にも表札をつけよう

　車で道路を走っていると、県の名前の入った表示が掲げてあったり、市や区を表す表示が掲げてあったり、街中の電柱には町名が表示してあったりします。ここの場所はどこなのか、居る場所や行く場所がハッキリわかるようになっています。

　会社や工場でも同じことです。会社の中も組織という区分けがあります。また、その組織が所在している場所もあります。その所在を誰が見てもわかるように表示しなければなりません。そのためには、職場を表す「職場看板」を掲示、表示することです。

　職場看板は大きな部署から小さな部署へと落とし込んでいきます。まずは、全部の部署が入る会社の看板の設置です。また、事業部や場所によっては、敷地内の建屋を表す建屋看板をつけます。建屋に入ると、部や課の看板、または職場の看板があり、ライン化されている所では、ライン看板を掲示し、ラインの中の工程へは工程看板を掲示します。また、職場にある機械には機械看板を掲示し、在庫などのモノにはどこに、何を、いくつかがわかる3定の表示をし、仕掛り品には仕掛り看板を表示します。そして、ヒトには当然名札がつけられます。

❷職場には経営の4つの要素が存在します

　経営の4つの要素とは「ヒト」「モノ」「機械」「情報」です。それらには個々に名称があります、その名称を誰が見てもわかるようにしなければ、誰でもわかる整頓にはなりません。「ヒト」には名札をつけることをします。「モノ」には次に解説する3定表示をします。

　「機械や設備」は業種や業態などによりさまざまですが、機械にも固有名詞はあります。しかし、その固有名詞をそのまま使っては、名称が長くなったり、同種の機械でも、同類に見にくくなりかねません。

　そこで、機械の分類を名称にすることがあります。たとえば、「旋盤」、「プレス」、「フライス盤」のようになります。また、名称をプレスであれば「P」とか、ボール盤であれば「B」とか頭文字をはじめにつける場合もあります。

そして、その後に、大きさを表す数字やNo.を表す数字をつけ、工場内で1つの固有の名詞にするのです。

よく、資産No.を記載している企業も見受けられますが、より単純で誰でも読みやすく、わかりやすい表記をルール化してつけた方が良いでしょう。そして、担当者名と担当者の顔写真を入れればより管理しやすくなります。

また、職場では作業指示などの伝票が「情報」として存在します。この情報の置き場なども表示は欠かせません。

図 2-14　看板の種類と仕様一覧表

						作成者：			作成日　年　月　日
No.	看板の種類	縦mm.	横mm	素材	文字の大きさ	文字種類	備考		
職場看板	会社看板								
	建屋看板								
	部看板								
	課看板								
	職場看板								
	ライン看板								
	工程看板								
ロケーション看板	工場ロケーション(現場用)								
	工場ロケーション(事務所用)								
	ホイストロケーション①								
	ホイストロケーション②								
機械看板	出入口看板								
	機械看板①								
	機械看板②								
	機械看板③								
	設備看板①								
	設備…								

要点 ノート

職場を表す「職場看板」により場所をハッキリさせます。そしてその場所にある生産要素「ヒト」には名札、「モノ」には3定表示、「機械」には機械看板、「情報」には置き場表示をします。

3 「看板作戦」の準備

場所表示のルールを決めよう
−「所」、「丁目」、「番地」で分ける−

❶「どこに」を表す場所表示

　モノをどこに置くかといった時の、「どこに」の表示が「場所表示」です。「所番地表示」ともいわれています。

　この場所表示の方法は、住所でいう所番地と同じようにつければ良いのです。私たちが普段利用している郵便物や宅配便は、住所の所番地をたよりに日本全国、または世界各国に配達されます。日本の中で所番地のついていない所はありません。それくらい徹底されているのです。

　たとえば「東京都千代田区麹町1丁目3番地11号」であれば全体が所番地です。所番地をよく見ると、それは「所」と「丁目」と「番地」とに分けられます。所は「東京都千代田区麹町」であり、丁目は「1丁目」、番地は「3番地11号」です。

　所はおそらく全国でただ1つの名前になっています。これに対し、1丁目3番地11号という丁目と番地は、全国のいたる所に存在し、東京都千代田区麹町といった所の中を区分けしたものです。

❷所表示

　これとまったく同じことが、モノの置き場の場所表示にも適用されます。

　右図で場所表示を示している、Aが所表示であり、これは建屋の中でただ1つの名前となります。

❸丁目、番地表示

　これに対して、1、2、3の横の数字は丁目を表し、縦の数字は番地を表します。このように、所番地をハッキリ明示した工場では、新しく入ってきたパートの作業者に「A-2-2の棚」と指定するだけで、目的の棚へ行くことができるのです。このように、誰でも、目で見てわかるようにすることが大切です。

❹表示の仕方

　また、所表示の看板については通路に対して直角に表示をします。これは、小学校のクラス表示の看板と同じです。これが通路に並行に表示されていたらどうでしょうか。その看板の前まで行かないとクラスの確認ができないのです。これでは看板の機能が半減してしまいます。

第 2 章　5Sを進めるための前準備

　駅のプラットホームは、電車を緊急停止するための非常停止ボタンが設置されていますが、昔は柱などにただべたりと1枚の札が貼られているだけでした。最近では、ホームに立って横からでも正面からでも見えるように三角形の形をした看板が赤と白の縞模様で表示されています。

　また、書かれている文字の大きさや字体は、わかりやすく見える距離を考慮して決めましょう。字体はどうもゴシック体が良いようです。

図 2-15 ｜ 所、丁目、番地を表示する

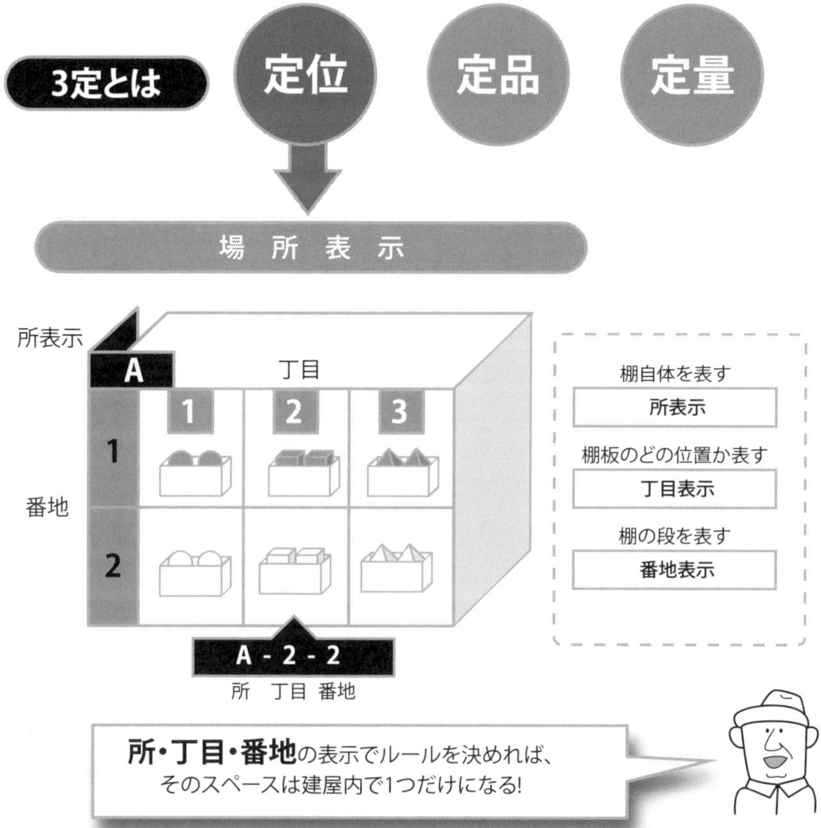

3定とは　**定位**　**定品**　**定量**

↓

場　所　表　示

所表示

A　丁目
1　2　3
番地
1
2

A - 2 - 2
所　丁目　番地

棚自体を表す
所表示

棚板のどの位置か表す
丁目表示

棚の段を表す
番地表示

所・丁目・番地の表示でルールを決めれば、そのスペースは建屋内で1つだけになる!

要点｜ノート

場所を表す「所表示」は「所」「丁目」「番地」で表示します。所表示の方法は直角表示、三角表示、コーナ表示を基本に、文字の大きさ、字体も決めておきましょう。

3 「看板作戦」の準備

品目表示のルールを決めよう
―「モノ品目表示」と「棚品目表示」で表す―

❶置くべきモノと置かれているモノがわかるようにする

　棚の所番地がハッキリ決まったら、次はそこに何を置くのか明示します。これが「品目表示」です。

　品目表示がよく見られるのは、マンションなどの駐車場です。ここで、管理の下手な駐車場と、管理の上手な駐車場を比較してみましょう。

　管理の下手な駐車場で、仮に学生のアルバイトを採用したとしましょう。そこでは、駐車場の看板に個人の名前が書いてあります。しかし、このやり方では、「平野様」に停めてある「練馬-10」の車体は、本当に「平野様」のものかどうか、学生アルバイトにはわからないのです。

　ベテランなら、「平野様」の車は白いツードアの車とわかっているので、停めてある車が無断駐車か判断できます。しかし平野様の車を知らないアルバイトには無理です。管理の上手な駐車場では、アルバイトでも管理できるようになっています。看板には、置かれる車のナンバーである「練馬-10」が書かれています。このことで、「練馬-10」以外の車が置かれていれば、一目瞭然、素人でも無断駐車とわかる仕組みになっているのです。

❷「モノ品目表示」と「棚品目表示」

　工場でも、これとまったく同じことがいえるのです。車のナンバープレートに当たる看板は「モノ品目表示」です。駐車場の立看板は「棚品目表示」ということになるのです。

　このことからモノ品目表示は、「置くモノ自体が何であるか」を示し、置かれているモノが入っている容器に表示したり、置かれているモノ自体に品名が入っている場合は、誰が見てもわかるように品名を表に向けて棚に置いたりします。

　棚品目表示は、モノを「どこに置いたらよいか」を示す名札であり、家であれば表札なのです。また、この棚品目表示をつける場所ですが、モノが置かれている棚板に表示します。

　よく見かけるのは一番下の棚板では見えにくいと、モノが置かれている上の棚板に表示されている場合です。これではモノと品目表示が離れ、目線が遠く

なります。このような場合は、棚からの取り出しやすさをも考慮して、ヒザ下の棚は使用禁止にします。

図2-16 | 置き場の看板

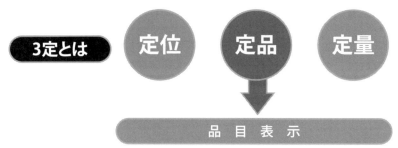

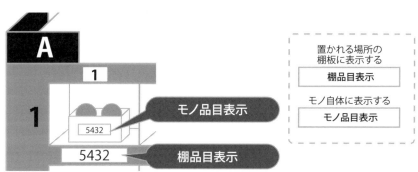

 戻す場所がわからないからモノが乱れるんだ

これを置き場のルールにすれば迷わない！

要点 ノート

置くモノ自体を表す「モノ品目表示」は、置かれているモノに表示をします。その場所に何を置くかを表す「棚品目表示」はモノが置かれている棚板に表示をします。

3 「看板作戦」の準備

量表示のルールを決めよう
―量表示は「最大量表示」と「最小量表示」で表す―

❶置かれている量は正常かわかるようにしよう

　赤札作戦でせっかく不要な在庫を撤去しても、規制しないとドンドン増えてしまいます。しかし、その量が赤札作戦を行った時に設定した「必要とされる量」なのかどうかは表示がなければわかりません。

　たしかに、コンピュータ上では在庫数や仕入れの数、出庫の数など計算はされていますが、実情にともなわないことが多々あります。今までも、コンピュータを使い、在庫を管理していたにもかかわらず、赤札作戦で多くの不要在庫が出てくるのは、やはりモノの管理の仕方や、入庫時や出庫時に出される指示が、作業者にうまく伝わらない場合があるためです。

❷最小量と最大量

　そこで、置かれているモノが設定した在庫量なのかどうか、量の表示をします。その際、
①日々の使用量や1カ月の使用量を調べます。
②発注費用と在庫維持費用を考慮して1回の発注量を決めます。
③対象としているモノの納入リードタイム（調達期間）を調べておきます。
④発注してから納入されるまでの使用量の変動や納期のバラッキ、品切れ損失などを考慮して安全在庫を決めます。
⑤こうして求めた安全在庫量に、納入リードタイム期間内の使用量を加えて割り出し発注点とします。

　そして、この安全在庫量を「最小量」、発注点の際の在庫量と発注数を足した数量を「最大量」とします。

❸異常がひと目でわかる表示をしよう

　量表示のもっとも良いやり方は、置き場や棚の大きさを制限してしまうことです。また、これができない場合は、最大在庫量は赤色、最小在庫量は黄色などと決めて、色を使い異常納入があれば、誰が見てもひと目で判断できるようにします。まず、現場で異常や問題、ムダがひと目で識別できるようにしましょう。

　また、パレット積みなどの仕掛り品は、抜き差し可能なポールを立てて、そ

のポールに最大量を赤テープや赤塗料でマーキングするのも良い方法です。

この量表示で発注点が決まってくると、重要になるのが先入れ先出しの仕組みです。どこから使うか、そして納入はどこから入れるか、作業者が迷わない仕組みで置き場を設定しなければいけません。

3定の定位・定品・定量でもっとも重要なものが、この「定量決め」です。こうして、赤札作戦で出た不要物を二度と出さない仕組みの基礎をつくります。

図 2-17 定量発注方式（発注量と発注点の設定手順）

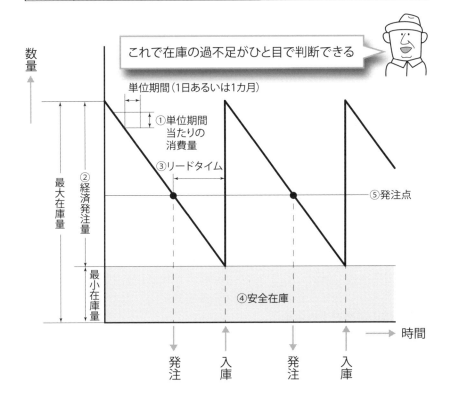

要点ノート

置く量を表す「量表示」は、これ以下になると欠品を起こす危険があることを示す「最小量表示」と、これ以上は多すぎる異常を示す「最大量表示」で誰でもすぐに異常がわかるようにします。

4　「ペンキ作戦」の準備

区画線のルールを決めよう

❶区画線の種類を決めよう

　ペンキ作戦の第1歩は、区画線で職場内にメリハリをつけることから始めます。区画線とは作業区と通路、車道と通路を分ける線のことで、作業者が通る通路の確保とその明確化を行い、工場内の安全を確保します。できているようで案外できていないというのが実情です。

　一般には実線で、白や黄色を用いています。幅は10cm以上が良いとされています。ただし、建屋の外や重工業関係の工場では、フォークリフトなどが往来する場所では15cm以上は欲しいものです。

　区画する場所によって線の幅や色を決めておくと良いでしょう。そして、一度引かれた区画線は「踏むな、またぐな、モノ置くな」を絶対に守らせなくてはいけません。

　そのためには、作業区の出入口を明確に定めることです。出入口は破線にします。また車道を横切り、通路から通路へ横断する箇所には、街中の道路と同じように、横断歩道を設け安全確保にあたります。

　そして、横断箇所には「右ヨシ！左ヨシ！前方ヨシ！」の指差し呼称を促す表記もしましょう。また、通路では右側通行か左側通行かを決め、矢印で定めた方向線を所々に引き、社内での交通ルールを明確にします。

❷置き場線の種類を決めよう

　職場の中で床に置かれているモノには置き場線で、その置き場を明確にしておきます。看板作戦で仕掛け置き場の看板を掲示しましたが、掲示された置き場の床には、パレットであれば1パレットごとに、台車であれば1台車ごとに、区画を線で引きます。

　職場内にある作業台には、作業台の4本の脚にカギ型のコーナーラインを引きます。そうすることで作業台の位置を明確にし、置き場がずれていると誰でも判断できるようになります。

　また、不良置き場として設定しているコンテナやスキットは赤で塗るとともに、置き場も赤い線で区画し、良品か不良品か誰でもすぐにわかるようにします。また、目立たせることで、不良がこんなにもあるという自覚をもたせるこ

とにもなります。

　消火器や消火栓、灰皿など火を連想するモノの置き場も赤で区画します。特に消火栓前にはモノが置かれないように通路からすぐに取り出せ、対処できるようなスペースを確保し、赤線で区画します。

　置き場線においても、対象品目ごとに線の幅や線の種類、色などを決めておきましょう。

図 2-18　ペンキ作戦—線の種類と色の例

区分1	区分2	カラー	幅	備考
線	区画線	イエロー	10cm	実線
	出入口線	イエロー	10cm	破線
	扉開閉線	イエロー	10cm	破線
	方向線	イエロー		矢印
	置き場線(仕掛り)	ホワイト	5cm	実線
	置き場線(不良品)	レッド	5cm	実線

- ペンキ作戦で工場の化粧直しをすることで、職場をシャキっとさせる。ペンキ作戦は、まず敷地内のマップと建屋内のレイアウトを描く。建屋の位置、正門を入ってからの道路と安全通路の確保、建屋内と同じく、横断歩道などを描き込む。そして、それらが完成したら、通路や職場を区切る区画線や置き場線の線幅や色、床や通路の色を決め、表示ルールを統一して描き込んでいく
- 広い工場や職場ではペンキ作戦を一気に実行するのは難しいので、年間計画を立てて、今月はここを塗ろう、来月はどこを塗ろうと取り組んでいくのが良い

要点 ノート

「区画線」は区画する場所によって種類分けし、「置き場線」は置いてある対象品目ごとに種類分けを行い、それぞれの線の幅や、種類、色などを決めておきましょう。

4 「ペンキ作戦」の準備

色分けのルールを決めよう
－エリアの使用目的によって色分け－

❶通路

　ペンキ作戦の次のステップとして床面に色を塗ります。工場での床を大きく分けると、通路、作業区、倉庫、休憩所などになります。

　まず通路は、なるべく周りが暗くても目立つような色合いを使います。蛍光色的なオレンジ色など、明るい色を使うことで少しの照度でもハッキリわかるようになります。

　反対に暗い色を使うと、通路に落ちたゴミや、たまたま落としてしまったボルトやナットなど、障害物となってしまうモノがハッキリわからなくなるケースもあり、転倒などの危険災害につながります。まして、夜勤の場合など、節電のため薄暗くなっていることもあり、そんな薄暗い中でも通路にある異常がハッキリわかるような色が良いでしょう。

❷作業区と倉庫

　作業区は明るめの緑が多いようです。深緑だと先ほどの通路の例のように暗くなり、異常が発見しにくくなります。

　倉庫は付加価値のつかない在庫置き場です。ここの色は作業区と分けることで、付加価値のつかない置き場にどれだけスペースをとっているか、ハッキリと自覚できるようにもなります。

　また、塗料の種類もメーカや業者に相談して決めましょう。安易に塗ってしまうと、梅雨時期にやけて床面に湿気が溜まったり、やたらに滑ったりします。床の材質に合わない塗料では、すぐに剥離してしまう場合もあります。また、塗り直す場合は、床の傷んでいる箇所や、床面のレベルが保たれていなかった箇所を同時に補修してしまうと効率的です。

❸休憩スペース

　最後は休憩スペースです。作業スペースと休憩スペースを床の色をハッキリ分けてあげることで、作業者の心の気分転換にもなります。ずっと同じ色合いの所にいると、休憩をしていても、気分的にはあまり休まらないものです。

　こうして床の色を分けることで、自分は今どこにいるんだ、どこを歩いているんだと無意識のうちに自覚してきます。通路を歩いていれば移動か運搬をし

ている、作業区では付加価値をつける作業をしなければならない、休憩所では心を休め気分転換している、など工場にいる時間にも自然とリズムがでてきます。

また、床面全体における付加価値をつける作業区の比率や、置き場としての床の比率など、1つの数値指標（物差し）として使うこともできます。

図 2-19 ｜ ペンキ作戦での床の色分け

区分1	区分2	カラー	幅	備考
床	作業区	グリーン		
	通路	オレンジ		蛍光色
	休憩所	ブルー		

・床の色分けでは、通路は周りが暗くても目立つような明るい色を使う。次に作業区や倉庫は明めの色を使う

・作業を行う場所と、休憩時間にくつろぐ場所とをハッキリ色分けする

要点 ノート

エリアの使用目的や用途によって色を決めましょう。色分けし、付加価値のつくスペースや置き場のスペースなどの比率を出すことで、その比率を数値指標として使うこともできます。

5 「治工具整頓」の準備

「戻しやすさ」を追求する

❶治工具は元の置き場に戻ります

　整頓の3つのポイントは「見つける」、「使う」、「戻す」ことで、特に「戻す」という性格をもっているものが治工具です。材料や部品は一度払い出され、製品製作のために使われると、製品として出荷され二度と戻ってきません。

　これに対し、治工具や刃具などは製品と一緒に出荷されるのではなく、再び元の置き場に戻ってきます。この点が、材料や部品などの在庫と大きく異なる点であり、特徴です。

❷戻しやすさ

　「置き場が乱れる！」という嘆きをよく聞きますが、治工具は戻す時にシッカリと元の位置、置き場に戻されれば乱れることはありません。しかし、戻す手間がかかったり、戻す位置が決まっていなかったり、わかりにくかったり、遠かったりすると、ヒトは横着になり面倒くさがり元の位置や置き場に戻すことをしなくなります。

　治工具類については、整頓の仕組みの中に「戻しやすさ」をもっともっと考慮すれば、おそらく乱れは半減するはずです。

　もちろん、治工具の「使いやすさ」を考えることも大切ですが、それと同じくらい「戻しやすさ」を考慮することがポイントなのです。

❸治工具整頓の進化論

　この「戻る」という性格をもった治工具は、まるで生きモノのように置き場が進化していきます。これを「治工具整頓の進化論」と呼んでいます。

　引き出しの中のクローズ管理に見られるような整頓の意識がない状態を進化0、集中管理やオープン管理による、グループ分けができてきた段階が進化1、形跡整頓や色別整頓などを用いて、目で確認しやすくなった置き場になれば進化2のレベルとなります。また機械別の分散管理やライン化、そして戻す際の置き場の狙いの寸法を大きくして、大体の勘で戻せるようになれば進化3、勘に頼る行為をなくし、治工具を上から吊るし手元化した段階が進化4、そして最後は、治工具を共通化したり、代替化をして治工具自体をなくし、戻す行為をなくした進化5のレベルまであります。

第2章 5Sを進めるための前準備

　進化0から進化4のレベルまでは「生産工学（「IE」）」の世界での手法・技法ですが、進化5のレベルは設計段階から見直す「価値工学（VE）」の世界に入ります。また、進化0から進化2まではモノの置き場の見つけやすさ、戻しやすさ、異常の見える化が進み、進化3から進化5は、それに使いやすさを考慮した置き場になっていきます。

図 2-20　治工具整頓の進化論（戻しやすさ）

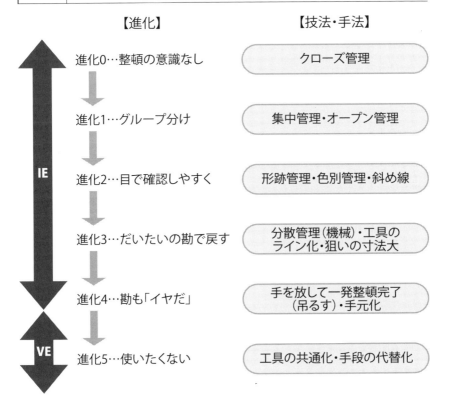

要点ノート

治工具は「見つける」、「使う」、元の置き場に「戻す」という行為がともないます。この「戻す」時に戻しにくい置き場であると乱れてきます。「戻しやすさ」を追求した置き場をつくることで乱れの根を断ちましょう。

6 「清掃」を始める準備

清掃対象を決めよう
－モノの置き場、設備関係、スペースで分類－

❶ 清掃を日常化、習慣化しよう

　5Sでは、まず整理をして要らないモノを各職場から追い出し、残った要るモノを誰でもすぐに使えるように整頓します。しかし、職場が床は油だらけでベトベトして滑り、棚はホコリだらけで材料を使おうとしても使えなかったり、また機械が切粉や油で固まり故障して動かなかったりでは、何のための整理・整頓なのかよくわかりません。

　清掃とは、キレイでスッキリした職場をつくり、気持ち良く働ける環境にすることはもちろんですが、「使おう」と思った時に、そのモノがいつでも正しく使える状態になっていることが重要です。

　このためには、年末に1回の大掃除のみならず、日々の業務の中に清掃も組み入れて日常化、習慣化することがポイントとなります。まずは清掃の対象範囲を決めていきます。対象を大きく分けると3つになります。

❷ 「モノの置き場」の清掃対象を決めよう

　1つは「モノの置き場」として対象箇所を見てみましょう。モノには多くの種類があるように、置かれている場所もいろいろです。たとえば製品倉庫、部品倉庫、材料倉庫、有休設備などの倉庫、資料の保管倉庫、工場内仕掛り品置き場、部品置き場、ライン内置き場、機械工程内置き場、治工具棚などがあります。

❸ 「設備関係」の清掃対象を決めよう

　もう1つは「設備関係」です。機械や設備、工具、刃具、測定具、金型、車両、運搬具、作業台、キャビネット、机、イス、備品などです。「自分の機械は自分で守る」といわれるように、大工さんや板前さんがノミや包丁をいつも研いで手入れをしているように、自分の使う機械や工具はいつもスッキリさせて、「いつも仕事に使わせていただいてありがとう」という気持ちを込めてキレイにしておくのがプロというものです。

❹ 「スペース」の清掃対象を決めよう

　「スペース」から見た場合、床、作業区、通路や壁、柱、天井、窓、会議室、休憩所、トイレ、駐車場、玄関、階段などが対象となります。

自分たちが毎日働く場所です。また、玄関や会社の外回りなどは会社の顔です。ホコリだらけ、ゴミだらけの中で作業をしていては、気が滅入り、それがいつしか普通の状態と勘違いしてしまい、汚い職場が慢性化してしまいます。そうなると必ず不良が発生し、ケガが多発してきます。

図 2-21 清掃チェックポイント（例）

1.モノの置き場の清掃チェック		
No	チェック内容	チェック
1	製品や部品、材料についているチリやホコリを取ったか	
2	切削や洗浄後の部品で発生しているサビを取ったか	
3	在庫品の置き場の汚れを取ったか	
4	仕掛り品の置き場の汚れを取ったか	
5	在庫品・仕掛り品の移動用パレットの汚れを取ったか	
2.設備関係の清掃チェック		
1	機械設備の周囲のホコリや油を取ったか	
2	機械設備の下の水や油、それにゴミを取ったか	
3	機械設備の上に積もっているホコリ、チリ、油汚れを取ったか	
4	機械設備の側面や制御部のカバーに付着した油アカ、手アカを取ったか	
5	オイルのレベルや圧力計などガラスの部分の汚れを取ったか	
6	すべての〜中のチリやホコリを取ったか	
	〜油を取ったか	

3.スペースの清掃チェック		
1	床や通路の砂、土、ホコリ、ゴミなどを取ったか	
2	床や通路にある水や油を除去したか	
3	壁や窓、桟（さん）のホコリやチリ、ゴミを取ったか	
4	窓ガラスの手アカ、ホコリを取ったか	
5	天井やハリのホコリを取ったか	
6	照明器具〜を取ったか	
7	照〜	

要点 ノート

「日常清掃」を行うにあたり、清掃対象を「モノの置き場」、「設備関係」、「スペース」で分けてみましょう。対象により、清掃のチェックポイント、清掃用具、手順などが異なってきます。

6 「清掃」を始める準備

区域、清掃担当責任者、時間を決めよう
―「清掃担当マップ」を作成する―

❶清掃区域のマップを作成する

　清掃対象が決まったら、清掃区域、清掃担当責任者、清掃時間の3項目を決めておきます。まずはじめに、工場レイアウト図を基に対象スペースを区分けします。さらにモノの置き場で分けていきます。そして、詳細の設備関係も書き込み、全体マップをつくります。

　全体マップを職場対象単位に分け、清掃区域がわかるように色分けし、各職場へ掲示できるようにしておきます。

❷清掃担当責任者を決める

　清掃区域が決まったら、次はその区域を誰が担当し、責任者は誰かハッキリ割り当てます。また、注意して決めなければならないのは、共同で使用する場所で、会議室、休憩所、トイレ、資料室、通路などです。これについては、よく当番制がとられています。担当が決まっていないと無管理状態となり、「誰かがやるからいい」と誰もが思い、結局誰もやらないままとなるのです。かといって、共同で使用する場所について、担当者を1人に決めてしまうと、汚した所を直接本人が掃除しないため、汚したという自覚がなく、いつまで経っても汚すことに注意を払わなくなります。

　共同使用場所では使用するヒトを洗い出し、まずは担当責任者を決めます。そして、清掃作業の中身を洗い出し、手順化し、日々の担当者を割り当てます。これを基にスケジュール表を作成し、掲示するのです。また、当番札を作成し、担当者間で回していきます。

　こうして、共同使用場所の掃除を各人に担当させることで、汚れに対して自覚をもたせるのです。自分で手でキレイにすると、そこをキレイにしておきたいという心が芽ばえ、ゴミが落ちていれば、掃除の担当日でなくとも、ゴミを拾うようになるものです。駅のトイレなど、公共の場所では誰もが利用しているために、利用者が「どうせ誰かが汚しているから」と「自分ひとりがキレイに使ったところでいまさら」とあきらめの心が生まれます。このような現象が工場で現れてきたら危険信号です。

❸清掃時間を決める

こうして、清掃区域、清掃担当責任者が決まったら、清掃時間を決めます。清掃時間は、清掃をいつ実施するのかという「清掃時刻」と、どの程度の時間をかけて清掃するのかという「清掃時間」の2つがあります。清掃時刻は仕事が始まる前の時間帯と、仕事の合間の時間帯、そして仕事が終わったあとの時間帯に分けられます。また、清掃時間は清掃区域、対象によって異なるので実際に清掃を行い、どの位時間がかかるか一度計測します。

図 2-22 | 清掃担当マップ

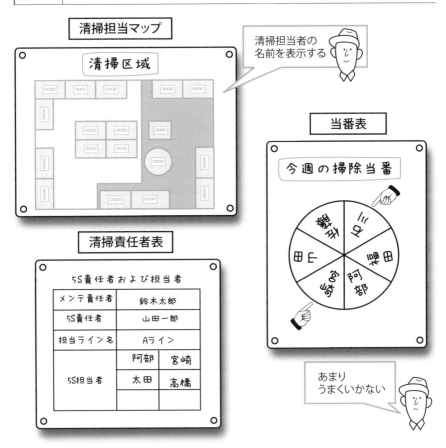

要点 ノート

日常清掃を行う前に清掃区域と、清掃担当責任者を決めて「清掃担当マップ」を作成しましょう。そして、いつ清掃を行うのかという「清掃時刻」と、どの程度の時間をかけて清掃するのかという「清掃時間」を決めましょう。

6 「清掃」を始める準備

清掃用具と清掃手順を決める

❶清掃用具を対象区域ごとに洗い出す

　清掃対象を決めると続いて、手順とともに使用する清掃用具を洗い出します。切りくずや粉が床に散らかる職場では、まずホウキを使って床を掃き、モップなどで床の拭き掃除をします。作業台、事務机、機械類は原則として雑巾を使い、ホコリやゴミの多い場合は濡れ雑巾を用います。磨きをかける場合や油とりは乾いた雑巾やウエスを用います。また、洗剤や消毒のアルコールなどを使用する場合もあります。

❷清掃用具はオープン管理で保管

　こうして洗い出した清掃用具や洗剤は、整頓の基本に基づきオープン管理にします。よく清掃用具入れとしてロッカーが利用されていますが、扉を開くと中のホウキやモップはフックには掛けられておらず、立てかけてあり、ホウキの先が曲がってしまっていたり、モップは洗わずにホコリまみれのまま放り投げられています。

　では、なぜロッカーの扉を閉めるのでしょうか。清掃用具は汚いものだと決めつけ、見えないようにしているのが現状だと思います。これでは、汚いもので掃除をするのと一緒です。キレイになるはずがありません。使い終えた雑巾は水でキレイに洗うように、他の清掃用具も使い終えたらキレイに洗います。治工具と一緒でオープン管理にして、清掃用具が汚れているのか、乱れているのかひと目でわかるようにすることです。

❸清掃用具は1点掛けで管理しよう

　オープン管理にされた清掃用具は、見つけやすさ、使いやすさ、戻しやすさを考慮して置き場をつくらなければなりません。特に戻しやすさを考慮しなければ乱れる原因になります。そのためには、掛ける間口を大きくすることです。ヒモなどでは掛けにくく、必然的に面倒になり、結局掛けずに置かれてしまうのです。またホウキを3本置く場所では、まとめて3本掛けるのではなく、1本ずつ置き場をつくる「1点掛け」で管理します。「ホウキNo.1」「ホウキNo.2」と置き場にも品目表示をつけます。当然ホウキ自体にもNo.表示はしておきます。そして順番が入れ替わっても目で見てわかるように斜め線を入れ

ます。置き場には、置き場名と管理責任者の名前と顔写真も掲示しましょう。
❹清掃手順を決めておこう

　ただむやみに清掃を行ってしまうと、同じ箇所を2回も3回も掃いたり、拭いたりしてしまいます。また、あるヒトは左から右に、またあるヒトは上から下へとヒトそれぞれ、やりたい方から掃いたり拭いたりしていきます。これでは同じ清掃でも清掃後の状態にバラツキが起こり、掃除し忘れや見落としが発生してしまいます。それぞれの清掃区域や対象を何の清掃用具で、どこを、どのような手順で、どの清掃状態まで清掃し、仕上げるのか決めておきましょう。

図 2-23　清掃用具は1本ずつ1点掛け

赤線

赤線が見えたら新品と交換する

> **要点** ノート
> 日常清掃を行う前には、対象区域ごとに清掃用具を決めておきましょう。そして、どのような清掃用具で、どこを、どのような手順で、どの清掃状態まで清掃するのか決めておきましょう。

6 「清掃」を始める準備

「清掃点検マップ」を作成する

　清掃点検の方法を決めるには、汚れや破損などの現象面から看たポイントと、機械1台1台の機構面から看たポイントを基に「清掃点検チェック表」を作成しましょう。

❶現象面から看るポイント

　現象面では、大きく5つに分けて看ていきます。まずゴミ、汚れという観点から、ホコリ、チリ、サビ、チップなどを看ます。これらの対処は「清掃」です。

　次に、油を観点にして看てみると、油漏れ、油汚れ、油切れ、油不足、油種違い、油づまりなどがあげられます。これらの対処は「給油、新油交換、清掃・修理」などです。

　温度・圧力に関しては、温度オーバー、温度不足、圧力オーバー、圧力不足、冷却水の温度異常、制御装置の基準外などを看ていきます。これらの対処は「復元修理」となります。ゆるみ・たるみの観点では、ボルトのゆるみ、ボルトの外れ、ナットのゆるみ、ナットの外れ、ベルトのたるみ、溶接の外れなどがあげられます。これらの対処は「増締め、交換、復元修理」などです。

　そして破損などの観点で看ると、ホースの折れ、ホースの破れ、メータの破

図 2-24　現象面から看た清掃点検のポイント

	現象	ポイント	主な対処
1	ゴミ・汚れ	ホコリ、チリ、アカ、ゴミ、サビ、チップ、くず、粉、そのほかの汚れ	清掃
2	油	油漏れ、油汚れ、油切れ、油量不足、油種違い、油詰まり	給油、新油交換、清掃・修理
3	温度・圧力	温度オーバー、温度不足、圧力オーバー、圧力不足、冷却水の温度異常、制御装置の基準外	復元修理
4	ゆるみ・たるみ	ボルトのゆるみ、ボルトの外れ、ナットのゆるみ、ナットの外れ、ベルトのたるみ、溶接の外れ	増締め、交換、復元修理
5	破損	ホースの折れ、ホースの破れ、メータの破損、ガラスの割れ、スイッチの破損、線材のめくれ、アームの破損、回転部のガタ	交換、復元修理

損、ガラスの割れ、スイッチの破損、回転部のガタなどがあります。これらの対処は「交換や復元修理」になります。

❷機構面から看るポイント

機構面では大きく6つに分けて点検ポイントを看ていきます。はじめは油圧系として作動油タンク→作動油ポンプ→制御弁→アクチュエータという順番で各ポイントを看ていきます。

次は、空気圧系として、エア3点セット→制御弁→アクチュエータ→排気部の順で看ていきます。3つ目のポイントは潤滑系です。これは、給油口→タンク→配管→給油箇所の順で看ます。4つ目は、摺動部、回転部、駆動部などの機械系です。5つ目は、電気系、最後は治工具類、刃具類、測定具類などに分けて看ていきます。

❸「清掃点検マップ」をつくってみよう

現象面、機構面のそれぞれ看るポイントを洗い出したら、対象設備について三角法などで絵や図を描き、そこに印をつけていきます。

そして、日々点検する箇所、週に1度点検する箇所、1カ月に1度点検する箇所を色分けし、一筆書きになるように順番を決めてNo.を表示し「清掃点検マップ」を作成します。

図 2-25 機構面から看た清掃点検のポイント

機構（手順）	油圧系		機械系	・摺動部 ・回転部 ・駆動部
	1	作動油タンク		
	2	作動油ポンプ		
	3	制御弁		
	4	アクチュエータ		
	空気圧系		電気系	
	1	エア3点セット		
	2	制御弁		
	3	アクチュエータ		
	4	排気部		
	潤滑系		・治工具類 ・刃具類 ・測定具類	
	1	給油口		
	2	タンク		
	3	配管		
	4	給油箇所		

要点 ノート

現象面、機構面のそれぞれの看るポイントから「清掃点検チェック表」を作成しましょう。そして点検箇所を洗い出し、対象設備を絵や図に描き、どのような順番で行うか「清掃点検マップ」を作成しましょう。

6 「清掃」を始める準備

「清掃保全カード」を作成する

❶「即時保全」って何
　「清掃点検チェック表」に基づき、清掃点検を実施して異常や欠陥が発見されたら、作業者自らがその場で復元または改革・改善を行います。これを「即時保全」といいます。この時、「元の状態に戻す」ことを復元といい、「現状よりも新たに改める・良く改める」ことを改革・改善といいます。
　また、その場で即時にできないことは、保全カードなどに欠陥・異常を書き保全係へ依頼します。

❷「保全カード」をつくろう
　「保全カード」には次のような項目を記載します。
①日付：欠陥・異常を発見した日付を記入します。
②部署名：その設備を使っている部署名を記入します。
③依頼者名：保全カードを記入した依頼者の名前を記入します。
④設備・機械名：設備や機械の名称を記入します。
⑤コード：設備や機械の資産番号や管理番号を記入します。
⑥欠陥・異常状況：欠陥・異常の状態を記入します。
⑦対処内容：保全係が対処する内容を記入します。
⑧対処予定日：保全係による対処予定日を記入します。
⑨管理者印：職場の管理者が保全カードの内容と、実際の設備欠陥・異常を確認したら印を押します。
⑩保全係印：保全係の担当者が保全カードによる依頼確認をして、対処内容と対処予定日が決まったら印を押します。
　以上が書かれた保全カードは、「清掃点検チェック表」とともに掲示し、「保全カード差立て板」を設置して、誰でもわかるように発生順に差立てておきます。あとで、職場の管理職が回収し状況を把握します。

❸「設備保全集中管理板」を設置しよう
　回収した保全カードを基に、担当職場の目立つ所に「設備保全集中管理板」を設置します。この管理板は、職場ごとに設置して、その職場の保全状況がわかるようにします。管理板には次の枠を設けます。

①**保全依頼枠**：その職場の管理職が現場の保全カードにより状況確認後、保全係にわかるように保全カードを保全依頼枠に貼ります。
②**対処中枠**：保全係が保全依頼枠に掲示してある、保全カードを確認し、対処内容、対処予定日が決まったら、対処中枠に保全カードを貼り、依頼職場に予定がわかるようにします。

また、緊急などの保全物件については、保全カード自体を赤にして目立たせます。

図 2-26 清掃保全カード

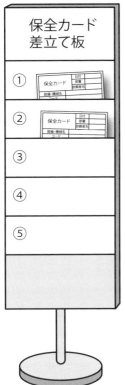

保全カード

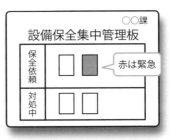

設備保全集中管理板

要点 ノート

清掃保全を行う前の準備として、欠陥や異常の記録をとっておく「保全カード」、発生順に目で確認でき現場の状況を伝える「保全カード差立て板」、職場の保全状況がわかる「設備保全集中管理板」を作成します。

7 「予防3S」で「なぜ」を追求

「なぜ」を追求して真因をハッキリさせる

❶なぜ要らないモノが発生してしまうのか

5Sの中で「整理」における具体的活動として「赤札作戦」という1つの手法を用い、要らないモノと要るモノをハッキリ分け、要らないモノを捨てました。しかし、「赤札作戦」自体は事後対策でしかなく、いくら行っても、要らないモノは出てくるのです。そこで要らないモノが発生する源を探してみましょう。

まず根底にあるのは、モノに対するヒトの考え方から不要物が発生します。また生産計画の組み方にも起因します。さらに、その計画に合わせて行う材料の発注やその管理方法、購入品や外注品の納入方法によっても不要なモノは発生します。また、ダンゴ生産やロット生産などの生産方法によっても不要なモノが発生します。

❷なぜモノは乱れてしまうのか

現場で乱れるモノは、大きく2つに分けて考えられます。1つは材料や部品や仕掛り品や製品といったモノと、もう1つは製品をつくるうえで必要とされる治具や工具、金型などです。運搬先でモノを置こうと思ったら置き場が決まっておらず、勝手に置かれてしまったり、置き場がいっぱいで、とりあえず脇に置かれてしまったりと、置かれる時にも乱れが生じます。また、治工具や金型は戻す際にも乱れます。

着眼点は、やはりヒトの乱れに対する意識レベルがどれほどあるかが根底となります。そして、モノの置き方の基本はあるか、搬入時、搬出時の作業はルール化されているか、置き場は仕組み化されているかです。

❸なぜ清掃するのだろう

工場におけるゴミや切粉、ホコリなど発生源は小さいのですが、それが作業者の靴の裏で運ばれたり、フォークリフトのタイヤについて運ばれたり、空調やドアの開閉による風で吹き飛ばされたりと、時間が経つほど広がるのです。

そこで行うのが清掃です。床のゴミや切粉、チップ、ホコリを見て掃除を始めます。しかし、掃除を終えると再びゴミやチップが飛散しているのです。これでは、いつまでも掃除を続けなくてはなりません。

なぜ掃除をするのか、なぜ切粉が飛散するのかと「なぜ」「なぜ」を問いただし追求することが大切です。すると汚れの発生源にたどり着きます。はじめは、発生源の飛散範囲を狭め、やがて発生の根幹を絶つ。そうすることで、掃除自体がなくなるのです。

清掃のステップを初期段階から見ると、汚れているから掃除をする「事後清掃」、何かをしながら掃除をする「ながら清掃」、そして掃除自体をなくす「予防清掃」とまりなす。「予防清掃」のレベルを目指してみましょう。

図 2-27 | 予防 3S（Preventive 3S=P3S）

予防整理 （捨てない整理）	予防整頓 （乱れない整頓）	予防清掃 （汚れない清掃）	
不要物が発生しない仕組み	戻さなくてもよい仕組み	汚れない仕組み	清潔の上級段階 予防3S （崩れない3S）
不要なモノがあるから ▲ 「なぜ、捨てるのか？」 ▲	戻すから ▲ 「なぜ、乱れるのか？」 ▲	汚れるから ▲ 「なぜ、掃除をするのか？」 ▲	
不要なモノを捨てる ▲	乱れたモノを元に戻す ▲	汚れた所を掃除する ▲	清潔の初級段階 **3Sの習慣化**
不要なモノを放置	どこに、何があるか不明	汚れに無関心	清潔の前段階 **無3S**
整理	**整頓**	**清掃**	

要点 ノート

「なぜ」を追求することで、問題の真因をとらえましょう。そうすると汚れの発生源にたどり着き、対策が見えてきます。そして二度と発生しない仕組みづくりへの課題が見えてくるようになります。

8 躾をつくる方策

「ルールが守られているか」を
目でみてわかるように

❶目で見る管理で正常・異常を判断できるようにしよう

　改革・改善がいっこうに進まない会社では、何がムダなのか、何が問題なのかがわかっていないことが多いものです。職場にまとわりつくムダや異常、問題を誰が見てもひと目でわかることが要求されます。

　工場や事務所では、モノの流し方、情報の流し方、作業のやり方、管理の方法など、あらゆることが誰でも、ひと目でわかるようになっていなければなりません。これは「目で見る管理」と呼ばれ、正常な姿と異常な状態が、誰が見てもひと目でわかり、すぐに対処できるようにすることを意味しています。

❷目で見る5S

　5Sとて例外ではありません。整理、整頓、清掃の状況が良いか悪いか誰が見ても、ひと目でわかるようになっていることが要求されます。

　これを「目で見る5S」といい、整理や整頓では赤札や看板、区画線や線引き、形跡整頓や色別整頓などがこれに当ります。

　清掃や清潔は個人ごとにその判断レベルが異なります。同じ現状を見てもあるヒトはキレイと考え、あるヒトは汚いと考えるのです。客観的な判断ができるように、「清掃点検チェック表」や「清潔度5点チェックリスト」、「5S・3定チェックシート」などにより、5Sレベルや清潔度合いなどを数値化して利用しましょう。

　このような目で見る職場は、5Sにかぎったことではありません。生産を行ううえで作業にも一定の標準が存在し、異常をいち早く発見し、これを管理するにも、職場の現状がひと目でわからなければならないのです。

❸ヒトには「標準作業」、モノには「かんばん」、設備には「アンドン」

　そこで作業面での目で見る職場の施策としては、ヒトと機械とモノを組み合わせて仕事のやり方を決めた「標準作業」がありタクトタイム、標準手持ち、作業順序、安全、品質などを管理します。

　また、後工程が必要な時に、前工程から必要なモノを、必要なだけ引き取る仕組みの道具として「かんばん」が利用されています。これにより進み遅れ、仕掛り、順序、タイミング、量を管理します。

そして、管理面での目で見る職場の施策としては、ラインの生産状況を知らせる「生産管理板」や、設備の異常を管理者にいち早く知らせる「アンドン」が利用され、故障しているか、不良は出していないか、刃物の取替え時期は、材料の有無などを管理します。

図 2-28 目で見てわかる職場と施策

1	整理・整頓の目で見る職場	赤札・赤札置き場
2		看板
3		区画線
4		色別・形跡整頓
5	清掃・清潔の目で見る職場	清掃点検チェック表
6		清潔度5点チェックリスト
7		5S・3定チェックリスト
8	目で見る作業	標準作業
9		かんばん
10	目で見る管理	生産管理板
11		アンドン

目で見る職場

ヒトには 標準作業	モノには かんばん	機械には アンドン
・タクトタイム ・標準手持ち ・作業順序 ・安全・品質	・進み・遅れ ・仕掛り・順序 ・タイミング ・量	・故障してないか ・不良はないか ・刃具の取替えは ・ノーワーク・フルワーク

目で見る管理

要点 ノート

正常・異常の判断が誰でもできる職場にすると、ルールどおりの作業が守られているか、目で見て判断が可能になります。5Sも例外ではなく、整理、整頓、清掃の状況がひと目でわかるようにしなければなりません。

8 躾をつくる方策

「叱る」と「怒る」は違うもの

❶「叱る」と「怒る」の違い

躾を定着させるうえで、非常に重要なことは、「叱る」ということです。

よく「叱る」と「怒る」とを混同するヒトがいますが、これはまったく別のものです。「叱る」では、叱る相手を大きく伸ばそうとするのに対し、「怒る」では逆に相手を威圧してつぶそうとしてしまいます。

今の世の中、あまりにも大人たちが「叱る」ことをしなくなりました。叱るということは、怒ることではないし、怒鳴ることでもありません。「叱る」のです。感情を表に出し、自分の高ぶった気持を相手にぶつけて制するための「感情的行為」が怒るとか怒鳴るであって、叱るは内面に情を蓄え、相手を大きく伸ばすためにする「理性的行為」です。

❷躾の教え

躾には生活の中からにじみ出てきた、躾をつくるための数多くの教えがあります。そしてこの教えをよく見ると大きく3つに分類できます。

1つ目は挨拶や他人に迷惑をかけないといった「道徳事項」です。法律とかルールといった外からの強制力を伴うものではなく、個人の内面からにじみ出てくる心の規範です。

2つ目は社会的ルールや安全・衛生上の規範を厳しく守るといった「遵守事項」です。これにより個人の内面の心の規範と、社会一般のルールや規律との架け橋をつくるものです。

そして、最後は他人にしてはいけない行為や自分をきびしく律するための「禁止事項」です。

これらの躾の教えはその時代背景を反映しつつ「道徳事項」「遵守事項」「禁止事項」の3つに分けられ、それぞれの時代を通り過ぎてきました。

❸躾をつくる15の教え

従来、躾の教えは家事や仕事といった社会生活の中で、事をスムーズに進めるための生活の知恵や技術から成り立っています。そして、社会生活に馴染ませるために、躾は幼年期から行われました。この時、まだ何も知らない子供に、社会生活の一定の枠を与え、ここに入れ込むことで、社会生活や仕事に馴

染む態度や作法、仕草をつくりあげました。この社会生活や仕事の枠が「躾の型」で「食事の前に手を洗え」などの言葉になったのです。

工場の躾の型は、挨拶、服装、安全、作業方法といった15のジャンルに分けられ、それぞれに先人の貴重な教えが型として存在しています。これを「躾をつくる15の教え」としてまとめてみました。

図2-29 躾をつくる15の教え

教え1	挨拶	「おはよう」はすべての始まり
教え2	服装	決められた服装・身だしなみ
教え3	安全	安全はすべてのことに優先する
教え4	保全	作業の前にまず点検
教え5	品質	品質第一、信頼第一
教え6	作業方法	基本作業の励行
教え7	5S	スッキリ白線、ピカピカ職場
教え8	衛生	食事の前に手を洗う
教え9	会議	会議資料は事前配布
教え10	休憩	作業はきびしく、休みは楽しく
教え11	防災	緊急時の連絡徹底
教え12	出退勤	交通ルールを守ろう
教え13	健康	睡眠は十分に
教え14	管理者	率先垂範
教え15	行動	3現3即3徹

要点 ノート

「道徳事項」「遵守事項」「禁止事項」の躾の教えを理解して、「叱る」と「怒る」の違いを確認しましょう。そして、職場での「躾をつくる15の教え」に照らし合わせてみましょう。

8 躾をつくる方策

躾の環境を整え
「叱り」やすい環境をつくる

❶躾づくりこそ全社で実行しよう

　躾づくりは一個人でやるには難しすぎます。また、会社の特定の部署だけがやるものでもありません。安全に取り組む姿勢や、不良に対する断固とした考えなど、これらは会社の基本となる精神であり、企業文化に通じるものです。

　そこで躾づくりとその定着化を全社をあげて実践することが必要となります。躾づくりの全社的運動は、大きく会社全体で行う年間行事と、各種別に行われる実践活動の2つからなります。

❷叱れる環境をつくろう

　年間行事は躾づくりにおける、全社的お祭りと考え、5S月間、5Sセミナー、5S見学会、5Sモデル職場、5Sコンテスト、5S表彰制度、5S写真展、5S動画大会などを開催します。

　いずれにしても、トップ自らが先頭に立ち行事を行うことで、5Sの取り組みへの情熱を訴え、これによって各職場の競争意識や活性度を高めていきます。

　また、実践活動は全社的推進テーマを実践するためのもので、躾の習慣化、実践化に大いに役立ちます。これには、5Sデー、5Sパトロール、トップ巡回、赤札作戦、看板作戦、5分間5S、1S1分運動、朝夕礼1分5S、社内放送5Sメッセージなどがあります。

❸年間計画に組み込もう

　これらの行事や活動は推進室が中心となり、年間の活動計画に盛り込みます。そして、各部署から事務局員を集い、全部署が何らかの形でかかわる体制をつくります。開催前や実施前には必ず全社員に通知し、会社の行事として行うことをハッキリさせましょう。

　また、コンテストや5S表彰、5S見学会、トップ巡回、赤札作戦などにおいては、必ず結果や報告書をまとめ、やはり全社員がわかるように掲示を出したり、結果報告として通知を出します。こうすることで、一人ひとりが実行した活動が職場全員に知られることで、活動への自覚が芽ばえてきます。

　現在、企業が生き残るためには、さまざまな課題を抱えています。この課題

を解決するためのテーマを月ごとに振り分け、全社員が一丸となってこれに取り組むベクトル合わせをする「全社強化月間」を組み込んでいきましょう。

当然、全社のベクトル合わせには5Sの教育も欠かせません。どのクラスのメンバーにどのような教育を受けてもらうか、やはり年間計画に教育計画も組み込みます。活動のまとめとして、半年に1度の中間報告、年間の活動成果を報告し合う「年間成果報告会」なども必ず設定すると良いでしょう。

図2-30 躾づくりの全社的な実践活動

	No.	推進事項	内容	頻度	効果
実践活動	1	5Sデー	5Sを重点とした日のことで、月に1～4回ぐらい設定し、その日は各職場別に評価を行う	月1回～4回	各職場別の生の姿が発表され、意欲を高める
	2	5Sパトロール	5Sパトロール隊を設置し、定期的にパトロールする	週1回	5Sの乱れを食い止める
	3	トップ巡回	トップが中心になり、現場の5S状況を巡視してアドバイスを与える	年2回～4回	5Sを通してトップと各職場のコミュニケーションを図る
	4	赤札作戦	不要なモノを捨てる目で見る整理のこと	年2回～4回	不要物の排除
	5	看板作戦	どこに、何が、いくつあるか、ハッキリ明示するために看板をつける	年2回～4回	モノの整頓
	6	5分間5S	1日のうち時間を決めて、清掃を中心に5分間の5Sを行う	毎日	5Sの習慣化
	7	1S1分運動	1Sを1分間だけ毎日実施する運動で、量より継続することをテーマとする	毎日	同上
	8	朝夕礼1分5S	朝礼・夕礼で1分間の5S確認や5S標語の唱和を行う	毎日	5Sの意識づけ
	9	社内放送5Sメッセージ	社内放送を使って、5Sに対してひと言メッセージを流す	毎日	同上

要点 ノート

躾は企業文化をつくり上げるうえで欠かすことができません。そのためには躾を行う「叱れる環境」をつくることです。実践活動と年間行事と分けて設定しましょう。

コラム

● 「注意」では不良やケガは減らない ●

　工場のいたる所に安全に対する「注意書き」が貼られていると、この工場はよほど事故が多いのだろうなと思ってしまいます。と同時に何か無責任のような、情けなさのようなものを感じてしまいます。

　注意書きを貼られたヒトは、作業者の意識を高めてもらおうと安全を願って貼られているのはわかるのですが、「注意書き」でいくら呼び掛けてもケガや不良は減らないのです。

　私の父は工場でプレス工をしていました。モノ心がついた時から、父の左手の人差し指は第2関節あたりからありませんでした。その当時の足踏みプレスは、加工されたワークを外し、新しいワークをセットして、足でスイッチを押し込み、加工されたワークをまた外す、という作業を繰り返していたそうです。ある時、新しいワークをセットして、足でスイッチを踏み込もうと思った瞬間、ワークのズレに気づきました。父は「不良を出してはいけない」という思いから、とっさにワークに手を伸ばし、指がプレスされてしまいました。

　作業者は不良を出そう、ケガをしようと思って作業していません。たまたま、何か別な現象が発生した時、危ないという意識を飛び越え、通常の決められた作業をやらず、良かれと思って間違った動きをしてしまうのです。

　注意するという意識に呼び掛けても、標準作業によりルール化してもダメなのです。手が入ったら機械が止まる仕組みをつくらなければ、ケガや不良はなくすことはできないのです。

「注意書き」をたくさん貼っても不良品は減らない

【 第 **3** 章 】
5Sを具体的に実践する

1 5S活動のキックオフを行おう

実行前に5S活動の背景、目的を全社に宣言

❶何を宣言するの？

　活動宣言では、5S・3定活動導入の背景、活動の名称やキャッチフレーズ、活動の目的、実際の評価基準となる数値目標、数値目標達成までの活動期間、活動の推進体制と各役割、対象職場の範囲などをトップ自ら全社に宣言することが大切です。

　これがあいまいでは、いざ活動を行おうとする実行部隊は「何だ、社長はこの活動をそのくらいにしか評価していないのか」と、活動に対する意識も薄らいでしまいます。そして活動自体も盛り上がることなく、自然消滅してしまうのです。

❷活動宣言では

　活動宣言は、講堂や食堂、グランドなど全社員が一同に集まれる場所で行います。はじめに、推進室長が「これから5S・3定活動のキックオフを行う！」と宣言します。

　次にトップの推進本部長（社長）が世の中の動向や会社や業界の状況と、今後の方向性など、「5S・3定活動をなぜ行うか」という背景を説明します。そして活動の目的、活動の名称やキャッチフレーズ、実際の評価基準となる数値目標、数値目標達成までの活動期間を発表します。

　さらに推進室長より、活動の推進体制と各職場のリーダーとサブリーダー、そして対象範囲の発表を行います。各職場の推進リーダーは前に出て、自分たちの職場の目標値と意気込みを宣言します。

❸活動管理板、各職場の活動掲示板をつくろう

　こうして宣言された内容（全社推進体制、キャッチフレーズ、活動目的、数値目標と推移グラフ、全社活動計画など）を、全社員が見える所に設置した「5S・3定活動管理板」に掲示します。

　また、各職場では各職場の推進体制図と、各職場で出されたＴ（目標）、Ｉ（本来あるべき姿）、Ｐ（計画）を「活動掲示板」に掲示しておきます。そして、改革前、改革後の現場写真をまとめた「5S・3定改革実績表」を掲示するスペースを設けます。

また、T（目標）に対しての月々の実績を集計したグラフも掲示し、現在の進捗状況が誰でも見えるようにします。目標未達の課題のついてはあと何をやらなければいけないのかというA（対処する課題）を掲示します。

図 3-1 | 5S・3定活動宣言　キックオフ！

要点 ノート

5S・3定活動は全社で行う活動です。そのため、導入の背景、活動の目的、数値目標、活動期間、推進体制、活動分担と区域、活動計画などを全社員の前でトップ自らが宣言しましょう。

❰2❱ 「赤札作戦」を実践する

赤札は淡々と貼っていく

❶赤鬼に貼ってもらおう
　赤札を貼りに現場に行くと、無言の抵抗感を感じてしまうものです。赤札を貼る担当者は、対象職場に関係するヒトは避けましょう。同じ職場のヒトに貼らせると、いざ貼ろうという時に、モノを見ると「もったいない」、「いつか使えるのに」など、頭の中は「捨てたくない」という思いが出てしまい、結果的に貼られない不要物が残ってしまうのです。

　特に日本人は「もったいない」という考えを小さいころから教育されていますが、その「もったいない」という原因をつくり出したのは、自分たち自身なのです。

　こうした心に左右されず、淡々とそして冷厳に、決められた基準に沿って赤札を貼る担当者のことを、通称「赤鬼」と呼んでいます。

❷赤札貼付の7つのポイント
　こうして赤鬼担当を決めたら、次のポイントに注意して貼付していきます。
①貼付期間：1～2日間の短期間で一気に貼ってしまいます。期間が長くなると、その間に迷いが生じ、そして隠す部署も出てくるからです。貼付期間は極力短く設定します。
②貼付枚数：各部署いろいろですが、少なくとも職場の人員1名に対して5枚以上の赤札が貼られるようにしましょう。5名の職場では25枚以上貼られる計算になります。それ以下であれば、見直しも必要かもしれません。
③1品目1赤札：赤札品1品目について、1枚の赤札を貼っていきます。棚全部だからといって、いろいろな品目が入っているのに、ひとまとめで1枚ではいけません。
④黄札は厳禁：ある企業で、赤札基準の判断がつかないモノには注意の「黄札」で対応しようと、黄札をつくったところ、ほとんど黄札になったことがあります。「要るか」「要らないか」基準を決めたら2つに1つです。
⑤迷ったら貼る：要るモノ、要らないモノの見分けがすぐにつかない場合でも、赤札を貼ってしまいましょう。貼付後一定期間を設けて、本当に必要な場合は必要としているヒトが赤札を外してもって行くでしょう。

⑥一度全部出す：乱雑にモノが置かれている場合は、ほとんどが無管理状態と思って、置き場にあるモノすべてを一度、棚やキャビネット、作業台も含め部屋や倉庫から出してみます。出しながら、要らないモノは赤札、要るモノは分類しておき、後で整頓します。

⑦ヒトには貼らない：冗談でも貼ってはいけません。

図 3-2 | 赤札貼付の7つのポイント

- **Point 1** 貼付期間……1～2日で一気に貼る
- **Point 2** 貼付枚数……1人5枚以上
- **Point 3** 1品目1赤札……赤札品1品目に1枚貼る
- **Point 4** 黄札は厳禁……赤に徹する
- **Point 5** 迷ったら貼る……心を鬼にして貼る
- **Point 6** 一度全部出す……対象エリアのモノを全部出す
- **Point 7** 人には貼らない……対象はモノとスペース

要点 ノート

「赤札」は全社のアカ（垢）という問題をオモテ化するものです。問題を抱えている体質がオモテ化されるので、職場で抵抗があります。そんな時「赤鬼」に登場してもらい、抵抗を踏みつぶしてもらいましょう。

2 「赤札作戦」を実践する

赤札品を一覧にまとめる

❶不要在庫品の状態によって対処方法が異なる

　赤札作戦は、赤札貼付後の対処と評価が非常に大切になってきます。

　まず、在庫では赤札の貼られた不要在庫品が、どのような状態の在庫なのかを明確にし、その状態に応じて対処を決めます。不要在庫の主な状態によって、その対処方法は異なってきます。

①不良品・死蔵品：廃棄処分。
②滞留品：滞留品置き場へ移動。
③端材（簿外品）：要・不要を判断し、不要は処分。

❷「不要在庫一覧表」を作成する

　また、貼付された赤札品在庫は内容を分類し、その状況を把握して、不要在庫品を削減するための基礎材料として「不要在庫一覧表」を作成します。この一覧表には「赤札」に記載されている品名や品番・作番・コード、数量、単価、金額、廃棄区分、支給区分などの情報をまとめます。

　この基礎データを基にして、月の使用数や発注単位、購入リードタイム、購入単価、購入先などを見直し、再び今までのような不要在庫をもたないように、すべての在庫品に対して見直しを行います。

❸「不要設備一覧表」を作成する

　赤札品の対処として、在庫と同じく重要なのが設備です。

　赤札設備は、日常の生産活動以外の場所に移動するのが望ましいのですが、大型設備は固定化されていることが多く、移動するだけでも予想以上に費用が発生するケースが多いのです。

　余分な費用を発生させないためにも、このような設備はその場では移動せず、日々の生産や仕事に支障をきたすとか、現場改革、職場改革上どうしても動かす必要が生じた時に移動を考えます。

　その時まで「凍結」の赤札を貼っておき、目立たせておきます。そして、不要設備は設備名、設備区分、資産No.、数量、単価、取得金額、設備年月日、償却累計、簿価、設置場所などの情報をまとめた「不要設備一覧表」を作成し、処分の検討資料とします。

❹赤札スペースは使用禁止にしましょう

また、不要品移動後に空いたスペースは「赤札スペース」として、赤テープで枠を引いたり、ロープなどで無許可使用禁止の枠を囲います。そして、職場マップに赤札スペースと面積を表示します。

また、赤札スペースの場所と面積をまとめた「赤札スペース一覧表」を作成し、付加価値のつけられる活スペースへと利用することを考えます。

図 3-3 不要在庫一覧表と不要設備一覧表

不要在庫一覧表				部門			—	—
				作成者		年月日		
No.	品名	コード	数量	単価	金額	廃棄区分	支給区分	備考
		不要在庫金額				廃却金額　その他		
対処と改善ポイント								

不要設備一覧表					部門				—	—
					作成者			年月日		
No.	設備名	設備区分	資産No	数量	単価	取得金額	設備年月日	償却累計	簿価	設置場所	備考
			不要設備金額								
対処と改善ポイント											

> **要点 ノート**
>
> 不要在庫品はその状態によって、その対処方法が異なります。また、不要在庫品は「不要在庫一覧表」、不要設備は「不要設備一覧表」、空いたスペースは「赤札スペース一覧表」にまとめましょう。

2 「赤札作戦」を実践する

赤札品の移動後に集中清掃をする

❶一度すべてのモノを撤去しよう

「赤札」貼付の際、あまりにもゴチャゴチャした職場や倉庫、置き場では、中にある棚やキャビネット、作業台を含めてすべてのモノを表に出してみましょう。

出しながら、要るモノは分類してグループごとに品目、製造日などがわかるように置いておきます。要らないモノは「赤札」を貼って分けていきます。

そして、一度すべてモノを出した職場や倉庫の中、出した棚や作業台、キャビネットなどキレイに掃除しましょう。

❷上から下に清掃する

すべて外に出したところで、天井から清掃を行います。オイルミストなどの油で汚れていたり、梁や換気口などについているベトベトした塊がある場合も、ていねいに清掃します。

まず、電球や蛍光灯、その傘も洗剤などを使いキレイに清掃します。そして壁から窓、窓の桟は上から順番に清掃していきます。慣れていないとついつい行き当たりばったりに各自が掃除を始めてしまい、結局、同じ所を二度、三度と掃除してしまうこともあります。また、柱にこびりついたホコリや油汚れの清掃し、柱や壁に貼りつけてある掲示物も一度撤去します。

最後は床の清掃です。洗剤などを撒きデッキブラシなどで磨き込むと、元の床の色が現れてくる職場もあります。

そこまで汚れていたのに、今まで清掃をていねいに行っておらず、知らず知らずに油やホコリがアカのように積み重なり、元々の床の色が見えなくなっていたのです。そうなると、汚れているのが普通と感じてしまい、表面をホウキでただ掃くだけで清掃終了としてしまっているのです。

❸自分たちの心のアカも洗い流そう

職場の汚れは、自分たちの甘えから蓄積されてきます。それは時間が経てば経つほど、汚れは厚みを増し、少々の清掃時間ではキレイに落とせなくなります。職場は、そうした自分たちの甘えを鏡のように映し出します。

通常業務が休みの時に、会社全体として時間をつくり、いっぺんにすべては

無理なので、何回かに分けて計画を立て、1つひとつ心のアカを落とすように、職場の積み重なった汚れをていねいに落としていきましょう。

この清掃を年に何回か行うことで、通常清掃がより楽になり、清掃時間を短く設定できます。

図 3-4　赤札作戦のプロセス

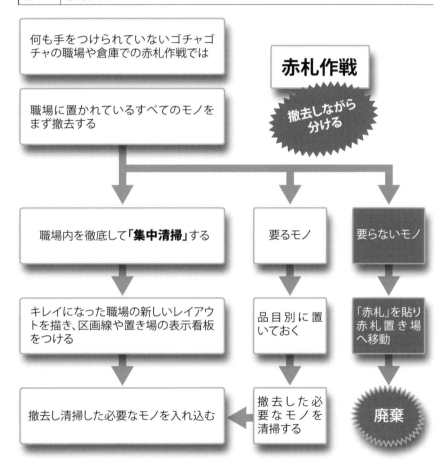

要点　ノート

ゴチャゴチャとあまりにも汚く乱れた職場や置き場では、一度すべてのモノを外に出しながら、要るか要らないか決め「赤札」を貼りながら振り分けましょう。撤去したスペースは集中清掃を行います。

❰2❱ 「赤札作戦」を実践する

赤札品は思い切って捨てる

❶3現3即3徹で「捨てる」
　「赤札」を貼付して不要物を赤札置き場に移動します。「不要在庫一覧表」を基に評価されたら、赤札品は思い切って捨てます。「こんなにも不要なモノを溜め込んでしまったのか」という罪悪感を抱き、二度とこのような事態を繰り返さないという強い信念をもつことになります。そして、その決断にともないとにかく「捨てる」ことです。一度痛みを体験すると、同じことを繰り返さないようになります。
　要らないモノに「赤札」を貼ることで、不要なモノが誰にでもひと目でわかるようになります。ここまでくれば、あとは最後のポイント、「捨てる」ことです。ここでグズグズ考え込むようでは、整理の奥深さを永遠に知ることはできません。何しろ「捨てる」ことが気持ちのうえでも最大のポイントとなるからです。これが「理を整える」という整理です。
　ここでも「3現3即3徹」のこだわりが欲しいものです。つまり、3現「現場：赤札品が集められた現場で、現実：不良資産で資金繰りが圧迫されるという現実を自覚し、現物：もっていても使われない不要品を目の前にして」、3即「即時：赤札作戦の実施後すぐに、即座：不要品が集められた赤札置き場で、即応：不要な赤札品を捨てていきます」、3徹「徹頭：不要なモノを溜めてしまった心と、徹尾：不要なモノを捨てられなかった心を、徹底：甘えた心を徹底的に捨て去りましょう」ということです。

❷社長の心の整理
　「赤札作戦」が進められたA社での出来事です。自動倉庫から次々と出てくる赤札在庫を、「捨てろ」といわれて社長は、ガックリと肩を落としました。「明日まで待って欲しい」といっていた社長は、次の朝すがすがしい笑顔で、「おはようございます」の挨拶とともに現れました。開口一番、「昨日はいろいろ迷いましたが、やはり捨てることに決めました」。社長は何か大きな決断をしたように、自信をもってこういい放ったのです。彼が決断した大きなことは何でしょうか。
　もちろん、赤札在庫を数千万円も廃棄することは、並大抵のことではありま

第3章 5Sを具体的に実践する

せん。資産から見たら、これは増資とまったく逆の減資をも意味します。捨てることにそれなりの覚悟は必要であったでしょう。

社長が決断した大きなこととは、こうした「赤札在庫の廃棄」を意味するだけなのでしょうか。当然、このことは含まれます。しかし、「モノの整理」をする時にさらに大切なことがあります。それは「心の整理」をしたのです。

図 3-5 | 赤札品の対処

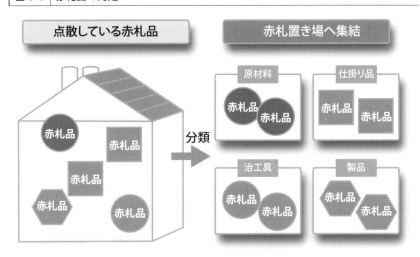

不要な大型設備はスペースが必要とされるまで「赤札設備」や「凍結」などと書いて貼付しておく

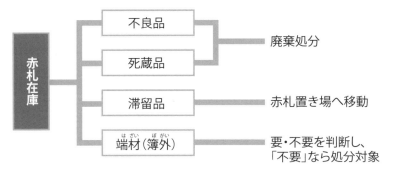

要点 ノート

「赤札作戦」を実行して、要らないモノがオモテ化されても、最終的に不要なモノを捨てられなかったら、以前と変わりません。思い切って「3現3即3徹」の行動指針で甘えた心を捨て去るように捨てていきましょう。

119

【3】「ペンキ作戦」を実践する

区画線と床の色分けでメリハリをつける

❶通路や置き場のレイアウトマップをつくろう

「ペンキ作戦」では、区画線の線引きと床に色を塗る床の色分けがあります。いきなり区画線を引いたり、床に色を塗るのではなく、「赤札作戦」で不要なモノを撤去したら、要るモノを入れ込む前に、自分たちはこの職場、エリアをどのようにしたいのかという、夢を描きましょう。紙の上に通路や置き場を描き、自分たちで決めた区画線の種類や幅、色などの一覧表と、床の使用用途別に色決めした一覧表を基にレイアウトマップを作成します。

その際、長さや広さなど実際に作業する時に合わせて、実寸値から同じ縮尺で描きます。そうすることで、実際にペンキ作戦を行う際、長さが合わない、あるいは置き場を確保できないなどの不具合をなくすことができます。また、そのマップには消火栓や消火器の位置、電源や配管の位置、危険箇所なども記載しましょう。

❷通路は田の字

5S・3定活動や改革・改善活動がされていない会社や工場では、棚や設備は壁際ギリギリに設置されていることが多いものです。また、このような棚や設備の裏側や脇に不要なモノが押し込まれている場合もあります。

「赤札作戦」でこのような不要なモノが撤去されたら、新しくレイアウトを考え、棚や設備は壁際からヒトが通れるくらいの幅、できれば台車1台通れるくらいの幅を確保して、レイアウトマップに通路を描きます。

このようなメイン通路が十字に設定され、壁際にぐるりと通路が設定されているレイアウトを「田の字レイアウト」と呼びます。

そうすることで、壁際に通路が生まれ窓からは彩光や風通しが良くなり、働く環境が改善されます。何よりも職場内の物流に変化が表れます。今までは棚にモノを出し入れする際は、作業エリア側の同一方向から行わざるを得ない状況でしたが、壁際に通路があることで、取出しは作業エリアから、棚に入れる際は通路からという「先入れ先出し」の仕組みが棚にできます。また、機械などは壁際と機械の裏に通路を設けることで、点検もしやすく、切粉やチップなどの回収も通路側からもできるようになります。一見スペースがもったいない

とか、スペースがないとか考えてしまいがちですが、作業性が良くなり、置き場が活性化し停滞が解消されることで、スペース的にも少なくて済むようになります。また、そうなるように置く量を規制しましょう。

❸通路の角は取りましょう

通路の角を直角にしてしまうと、実際に職場内で歩行や運搬を行う際、カーブを曲がる時に障害物があれば当然避けますが、ない場合は誰しも近道をしたくなり、曲がり角を跨いだり横切ったりしてしまいます。ならば、はじめから角を落とし歩行、運搬しやすいようにしてあげましょう。

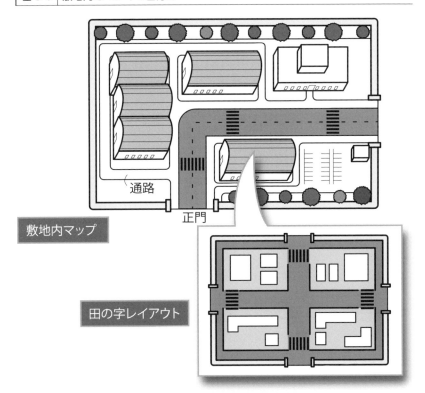

図 3-6　敷地内をペンキで色分け

敷地内マップ

田の字レイアウト

要点　ノート

あるべき姿の通路や置き場をレイアウトマップに描きましょう。また、消火栓や消火器、危険箇所も描きます。このレイアウトマップができればあとは「区画線の一覧表」と「床の色分け一覧表」を基に現場で実行します。

【4】「看板作戦」を実践する

誰が見てもすぐわかる表示方法にする

❶建屋看板の表示方法

　会社の前に立つと、その会社の会社名が書かれた看板が掲示されています。工場であれば、○○○株式会社△△△工場とか□□□事業所などと書かれているものを目にします。そして敷地内に入ると意外に目にすることがないのが第1工場、加工工場、A棟、管理棟など建屋を表す看板です。これらの看板は誰が見てもわかる所に設置すべきです。

❷入口看板の表示方法

　建屋の入口も1つとはかぎりません。入口が複数ある建屋では正面入口や南入口、あるいは入口No.1などそれぞれ固有の名詞をつけます。単に入口と表示すると、どこの入口なのかわかりません。

　また、入口の表示をドアにしてしまうと、開けっ放しの時など表示が見えなくなってしまいます。表示は必ずドアの上にします。

❸部署看板の表示方法

　決められた入口から建屋に入り、自分の目指す部署、部や課、係の看板を探します。また、看板を頼りにラインへ行く場合もあります。建屋内では廊下や通路を通って、目的のエリアまで行きます。建屋内での部署やラインなどの看板は、「通路に対して直角」に表示します。

　いずれにせよ何も表示がない場所では、「ここへ行け」とか、「あそこへモノを運んでおけ」とか指示されても、ウロウロとただムダな時間が過ぎるだけなのです。

❹工場ロケーションの表示方法

　建屋の中では、工場ロケーションといわれる番号を壁の上部に大きく表示します。表示は、柱と柱の間を基本にし、南北をA、B、C…、東西を1、2、3…とし、B-3というように碁盤の目のように工場の床面の位置をハッキリさせます。

❺天井クレーンロケーションの表示方法

　また、天井クレーンが設置されている工場では、クレーンのロケーションNo.をつけます。クレーンを何番に停止させるのかが、ハッキリ番号で指示す

ることができます。

こうして、会社の敷地の中を誰が見てもわかるように職場の看板を表示したり、工場ロケーションやクレーンロケーションをNo.で表示し、「右から少し行った所に止めろ」とか、「入口から入って右側の所に運んで」というようなあいまいな指示によって迷うことをなくすようにします。こうすることで、入ったばかりのアルバイトやパートにも指示がすぐに出させるのです。

図 3-7 | 看板の平行表示と直角表示

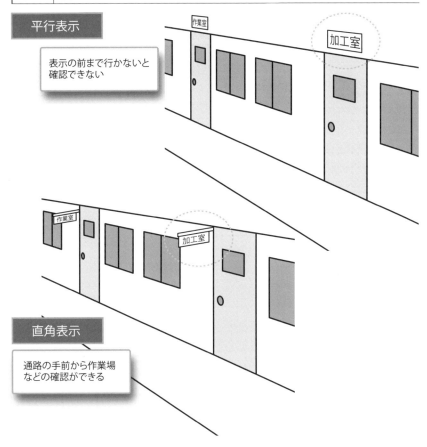

要点 ノート

職場を表す看板にもさまざまな種類があり、その表示の仕方もそれぞれに合った方法があります。表示の目的を理解して、誰でもすぐにわかる位置に看板を表示しましょう。

【4】「看板作戦」を実践する

作業者にやさしい置き場にする

❶置く位置を考えよう

　整理での「赤札作戦」が実施されれば、要らないモノが撤去されます。次に行うのが、いかに残った要るモノを見つけやすく、使いやすく、戻しやすいように置くかです。

　この時、日常よく使うモノは、できるだけ使用する場所に近い位置に置き、使用頻度の低いモノは、頻度の高いモノよりラインから離します。また、棚などの保管の場合には、動きの良いモノは肩から腰の位置に置き、動きの鈍いモノは棚の上段・下段に置きます。

❷ストライクゾーンで置き場を決めよう

　そこで、1つの基準としてモノを置く高さ範囲を決めると良いでしょう。その基準は、モノの取出しやすさや、職場の視界の高さから決めていきます。1つの例は、野球でいうストライクゾーンです。上は肩から、下はヒザまでの間を基にして、社内でハッキリ、〇〇センチから〇〇〇センチまでと数値で決めてしまいます。これを置き場の「ABCゾーン」といいます。

Aゾーン：肩から腰まで
Bゾーン：目線から肩まで
B'ゾーン：腰からヒザまで
Cゾーン：手の届く位置から目線まで
C'ゾーン：ヒザから床まで
Dゾーン：手の届かない位置
D'ゾーン：無管理

　治工具などの置き場を決める際に基本となるのが「動作経済の原則」です。これはヒトの動きをもっとも効率的に、楽にするために考え出された原則です。基本的条件として採用し、職場などに掲示して、これにそって整頓を行います。動作経済の原則は、「身体の使用の原則」、「作業場の配置の原則」、それに「治工具・機械に関する原則」の3つに大別できます。

　こうして、必要なモノを作業者が使いやすい所にどのように置くかを決め、職場内で目線が通る高さも確保します。

❸1品目1列置きで先入れ先出しの仕組みをつくろう

モノの置き方も、正面から見て1品目について1個見えるように1列置きとし、線で区切ります。また、棚板を斜めにし、入庫分は裏から入れ、出庫分は前から出します。そうすることで、手前の在庫を出せば裏の在庫が前に滑り出るようにしておきます。これが先入れ先出しといわれる仕組みです。

置き方には製品別に部品を分けて置く「製品別方式」と、部品ごとに分けて置く「機能別方式」があります。

図 3-8 置き場の ABC ゾーン

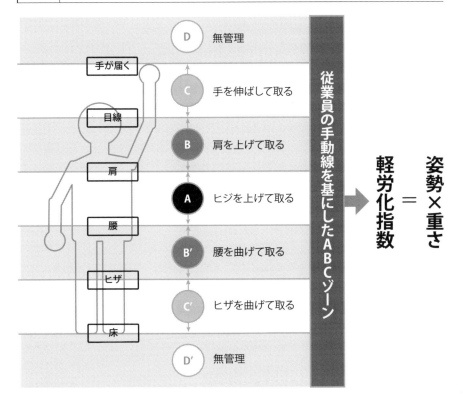

要点 ノート

「動作経済の原則」などを基に、作業者が見つけやすく、使いやすく、戻しやすい、作業者にやさしい置き場をつくりましょう。また、モノの動きが活性化する「先入れ先出し」の仕組みにします。

【4】「看板作戦」を実践する

機械看板は通路から見える位置に表示する

❶機械看板はなぜ必要なのか

　製造現場を支える要素にはヒト、モノ、機械、作業方法、情報などがありますが、看板作戦ではヒトには名札、モノには3定の看板表示がありました。もう1つのハード部分である機械にも看板をつけましょう。

　現場では、作業者が情報により指示を受け、決められた作業方法により、モノをとり、機械で加工を行います。モノをとりに行く際には、何を、いくつとりに行くのかという情報を基に作業者が動きます。この時、作業者は指示を受けた「何を＝モノ」を見つけるために置き場の看板を頼りに探します。そして、このモノをどの機械で加工するか、あるいはどの機械の前に運搬するか、やはり情報を基に動きます。

　その際、作業者はモノと同じように機械も探すのです。そのため同じ機械が何台もあれば、機械それぞれに1号機だとか2号機などと名づけることが必要です。これが「機械看板」です。

❷簡略な名称で表示しましょう

　機械看板では、ひと目でその機械が何であるかがわかるように、普段現場で使われている略式名称を基にします。たまに、帳簿上での機械の資産No.を利用している工場も見られますが、これはひと目で解読するのには無理があります。なるべく簡単に、そして1台1台がわかるようにします。プレスだから「プレス」と表示するのではなく、「プレス1号機」、「プレス2号機」と1台ずつに固有の名詞をつけます。また、簡略に「P1」、「P2」などと表示している工場もあります。

　そして、その機械は誰が責任をもって管理しているかをハッキリさせるために「管理責任者名」を表示します。また、名前の脇に責任者の顔写真を掲示することで、責任者にはより強い自覚が芽ばえます。

❸高さを揃えアンドンの上に表示しましょう

　機械看板は通路から見える位置に直角に掲示します。そして、機械が2台以上並んでいる場合は、機械看板の高さを統一します。そうすることで、作業者が機械を探す時に、探す目線が統一されるのです。

また、アンドンがつけられている設備であれば、アンドンの上に表示をして、何の設備のアンドンかすぐにわかるようにします。この時、アンドンの設置場所も通路からひと目でわかるような位置で設備ごとに高さを合わせ、目線の高さが合うようにします。

設置する機械看板自体は、全方向から見えるように、三角柱形で三面に名称を表示します。

図 3-9 機械の名称のつけ方

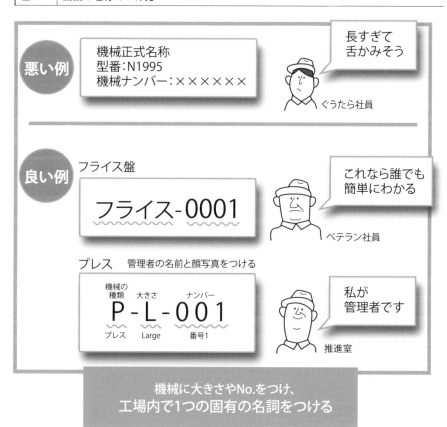

機械に大きさやNo.をつけ、
工場内で1つの固有の名詞をつける

要点 ノート

機械看板は通路から見える位置に、高さを揃えて表示しましょう。記載する機械の名称は、簡略にして誰でもわかるようにします。アンドンのある場合は高さを揃えアンドンの上に三角表示をしましょう。

【4】「看板作戦」を実践する

モノの流れをハッキリさせる

❶モノの流れを工程要素で追ってみよう

　工場の中でモノの流れを追っていくと、基本的には停滞▽、運搬（移動）○、加工◯、検査◇の4つの工程要素で表されます。特に停滞や運搬は非常に多いのが実情です。たとえば1つの例としてモノの流れを追ってみると、部品が外部から納入され、一時置きされる＝停滞1。そして、受入検査に回され、検査前にまた一時置きされる＝停滞2。検査が済むと検査終了として置かれる＝停滞3。そこから、1次加工の職場へと運ばれ、加工前の置き場に仮置きされる＝停滞4。加工時には加工機の前まで運搬され、再び仮置きされる＝停滞5。いよいよ加工される。加工後には、一緒に運ばれてきたロットの加工が終わるまで加工済み置き場でロット待ちをしている＝停滞6。

　そしてまた、次の加工工程へと運搬されていきますが、納入されてから、受入検査と1次加工の工程で、停滞は6回も起きているのです。

❷「仕掛り看板」を表示しましょう

　このようなモノの移動に対して、工程間の移動前の置き場、そして、移動されたモノが置かれる場所、あるいは仕掛り置き場に対して「仕掛り看板」を掲示します。仕掛り看板には、置き場名、製品名、前工程（どこからきたか）、後工程（どこへ行くのか）、最大量、最小量、入数（容器に定数として何個入れるか）、そして責任者名を記載しておきます。

図3-10 モノの流れと停滞

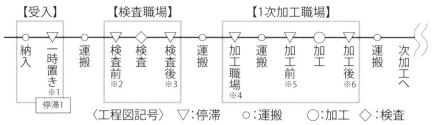

❸作業者にやさしい置き場にしよう

　この置き場でも、部品在庫の棚置きと同様に、1品目1列置きを基本とした先入れ先出しが非常に重要になってきます。次に運ばれるのはどれか、ここの仕掛りはいつまでの分が置かれているのかなど、数量を明確にすることで仕掛りが多いのか、少ないのか異常が目で見てわかるようにします。そして、仕掛り在庫の量を規制します。

　また、先入れ先出しの仕組みを置き場につくることにより、運搬の担当者が運ぶモノを探したり、奥に置かれたモノを入れ替えたり、上のモノをおろし、新しいモノを一番下にし、おろしたモノをまたその上に積むというような、載替え、移替え、積替えなどのムダな作業をなくし、作業者にムリな作業負担を課すことがなくなるのです。

図 3-11 ｜ 先入れ先出し

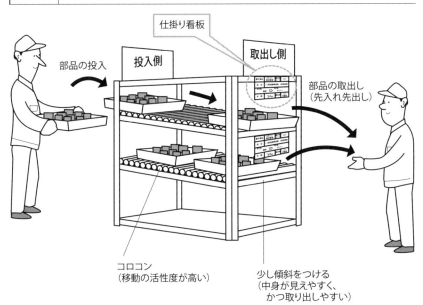

要点　ノート

仕掛り品は前工程で加工され、仕掛り置き場に置かれ、必要な時に、後工程に引き取られていきます。この仕掛り在庫の置き場を「ストア」といったりします。そして、必ず「先入れ先出し」にします。

5 「治工具整頓」を進化させる

クローズ管理は問題点も隠す

❶クローズ管理では問題が見えない

　工場や職場の中を見渡すと必ず目にするのが、キャビネットやロッカーです。表面は平らでスッキリしていて、キレイに見えますが、中を開けてみると意外に乱雑で、乱れていることが多いものです。

　一番いい例が机の引き出しの中です。ペンやらクリップ、印鑑、消しゴム、名刺やUSBメモリーとゴチャゴチャに入り乱れています。また、清掃用具入れのロッカーなどは、ホウキが掛けられず放り投げてあったり、モップは洗われないまま立て掛けてあったりしています。

　これは「中が見えないから、何でも入れてしまえ！」という意識があるからです。家庭内でも同じ例があります。よくあるのが、「押入れ」です。読んで字のごとく、「押す」と「入れる」で「押し入れる」のです。来客があると何でも押入れに、押し入れて乱れを隠してしまうのです。そして、表向きがスッキリしているのを見て、「これでよし！」とばかりに安心してしまいます。

❷クローズ管理は心もクローズにしてしまう！

　このような中が見えない所に、モノをしまい込むことを「クローズ管理」と呼んでいます。この状態では、整頓の基本である、どこに、何が入っているのか検討もつきません。わかっているのは、そこにしまい込んだヒトだけです。他のヒトは見つけることすら困難です。こうした管理状態では、個人管理になりがちで、各個人ごとに同じ治工具をもっている場合がほとんどです。

　この場合、はじめに行うのが治工具の「赤札作戦」です。一度、キャビネットや工具箱、作業台の引き出しなどに入っているものを、すべて外に出しつくします。すると個人管理のために、それぞれのキャビネットから同じ治工具がザクザク出てきます。

　また、刃具やチップなどの発注も個人まかせにしておくと、積もり積もった予備品が次から次に出てきます。「俺の工具だ」という言葉を聞きますが、実は会社の工具なのです。

　キャビネットや引き出しが悪いというわけではありません。中に何が入っているのかがひと目でわかるようにすれば良いのです。

図 3-12 クローズ管理はやめてオープン管理に

- 扉を開けてみると、中は要るモノと要らないモノが混在し、雑然とした状態
- 外から見ただけでは、このような異常に気づけない
- このような状態はロッカーやキャビネット、棚や机の引き出しの中によくある

要点 ノート

クローズ管理は、中が見えず、置き場が正常か乱れているかわかりません。そうなると置き場が無管理状態となり、問題までも隠そうとする職場になってしまいます。

5 「治工具整頓」を進化させる

オープン管理で
過剰在庫をなくす

❶集中管理

　進化0でのクローズ管理の状態から、治工具の赤札作戦を行ったら、すべての治工具を一度グループごとに分けてみましょう。スパナはスパナ、ドライバーはドライバーというように分けることによって、今度はサイズの違いや必要本数などが見えてきます。このように個人管理していた治工具を、1箇所に集めて管理することを「集中管理」と呼んでいます。

　ドリルの刃などは径別に分け、波板などに油を染み込ませたウエスを敷き、その上に並べます。見やすいように波板を多少斜めに置き、ひと目で刃の減り具合がわかるように揃えると良いでしょう。

　また、小さいチップなどは、ただ机の引き出しに入れるのではなく、種類ごとに分け、部品と同じように、どこに、何が、いくつストックされているか見えるように棚に置きます。

❷オープン管理ならば目で見て異常がわかる

　引き出しの中やキャビネットの中に入れず、表に出すことを「オープン管理」と呼んでいます。

　クローズ管理から中が見えるオープン管理にすることで、引き出しを開けたり、ロッカーやキャビネットの扉を開くという動作がなくなり、目で探すだけで済むようになるのです。

　また、オープン管理にすることでチップなどの予備品在庫も目で見てわかるようになります。すると自然に過剰在庫がなくなっていきます。さらに、オープン管理では置き場の状況がすぐにわかり、乱れていた場合はそれを自覚し、直す習慣が芽ばえてきます。

❸オープン管理の方法

　オープン管理にするにはロッカーの扉を取り払ってしまい、中が見えるようにします。また、引き出しタイプのキャビネットであれば、引き出しごと出してしまい、引き出しを棚板の代わりにして足を取り付け、棚に改良してしまった工場もあります。

　また、ホコリを嫌うような検査機器や精密機器などに関しては、扉をつけた

ままでも、扉を透明にして中が見えるようにしましょう。食品工場などでは衛生管理上扉をつけるような箇所もあるようですが、やはり中が見えるように扉は透明にしたいものです。

図 3-13 クローズ管理をやめてオープン管理に

ロッカーやキャビネットはクローズ管理にされがち。
これでは職場の異常が見つからない

クローズ管理

オープン管理

クローズ管理をやめ赤札作戦を実行した後は
集中管理、オープン管理に切り替える！

要点 ノート

工具などを個人管理にしてしまうと、個人個人が同じモノをもってしまい、過剰気味になってしまいます。集中管理を行うことで、過剰在庫や過剰工具をオモテ化しましょう。

5 「治工具整頓」を進化させる

形と色を使うと
戻す位置がひと目でわかる

❶形跡整頓

　オープン管理を行ったとしても、治工具の戻す位置があいまいな場合、その置き場はすぐに乱れてしまいます。そこで、ひと目で戻す位置を判別できるようにし、また、乱れが誰でもわかるようにしたのが「形跡整頓」です。形跡整頓とは、その名のとおり、治工具の形の跡を保管位置に描き、自分の使った治工具とその形跡とを見くらべて、ひと目で元の位置に戻せるように工夫したものです。置かれるモノの形と、置く場所に描かれた形が同一のため、違ったモノが置かれれば、すぐ形の違いがハッキリと現れるのです。

　形跡整頓は現場での治工具置き場だけではなく、間接部門の事務机の文房具類にも応用されています。これにより机の上の乱れを防ぐだけではなく、不必要な文房具の発生を退治することができるのです。

　形跡整頓を行う場合、ただ形だけを描いても置き場によってはすぐにズレて乱れてしまう場合もあります。そのような置き場では置く棚板の上に、もう1枚プラスチックや段ボールなど厚みのある板を貼り、その板を置くモノの形に合わせてカットします。そうすることで、板の厚み分だけの段差ができるので、ただ形を描くよりも、段差がある分ズレずに乱れなくなります。

　間接部門では、ファイルの背表紙に斜め線を引き、順番が入れ替わっていないか、戻す位置は合っているかがすぐにわかるようにする「斜め線」による整頓がよく行われています。

❷色別整頓

　また、見つけやすさや、戻しやすさを改善するために使われるのが「色」です。色をグループごとに決めておき、使おうと思っているグループの色を見つければ良いので、文字を頼りに探すよりも見つけやすくなります。また、違うものが置かれていれば違う色がポツンとあり、異常がひと目でわかります。このような色を使った整頓のことを「色別整頓」とか「色別管理」などと呼びます。

　よく使われるのがオイルの色別管理です。オイルの種類ごとに色を決め、そのオイルで使用する給油具も同じ色に統一し、さらには、機械の給油箇所にも

その色を塗っておきます。こうすることで、誰でも簡単にオイルを決められた箇所へ給油できるのです。

　また、清掃区域を表す「清掃点検マップ」では、担当エリアが明確になるように色分けをします。そして、そのエリアで使う清掃用具にも同じ色をテープなどを使用してわかるようにします。衛生区域には他の区域の清掃用具を使わないように色分けしましょう。

　このように色を合わせることを「色のライン化」と呼びます。

図 3-14 　元あった場所がすぐわかる工夫

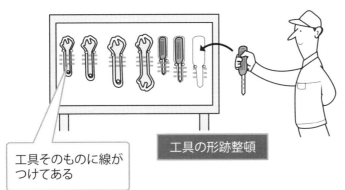

工具の形跡整頓

工具そのものに線がつけてある

所定のモノ以外を入れると線にズレが生じる

ファイルの斜め線

要点 ノート

置かれるモノの形を使う「形跡整頓」や、色を使ってグループ分けをする「色別整頓」などにより、戻す位置をひと目で判断できるようにしましょう。こうすることで置き場の正常・異常が誰でも判断できるようになります。

5 「治工具整頓」を進化させる

使用する機械ごとに治工具を分けて置く

❶戻すのは面倒

　治工具置き場が、無管理状態から進化2のレベルまでくると、少しずつ作業性が気になるようになります。目で見て戻しやすくなったとしても、治工具を使用した後は、元の置き場まで戻しに行かなくてはなりません。

　乱れる原因を考えると、使い終わった後に戻しに行こうと思っても「次にまた同じ場所で使うから、いちいち置き場まで戻しに行くのは面倒だ」と、置いたままにしてしまうことが多いようです。

　これが蔓延して治工具置き場には治工具はなくなり、機械の脇にいろいろな治工具がそのまま、あちこちに置かれている状態になってしまうのです。これを解消するために個人もちの治工具を共有化するのが「集中管理」です。次は段取り替えなどで使用する治工具を使用する機械ごとに分けて置きます。これを「分散管理」といいます。こうすることでとりに行く時、戻す時に発生する歩行は少なくなります。

❷工具のライン化

　分散管理を行う際に、機械ごとに通常段取り替えなどで使用する治工具を洗い出しますが、イレギュラーの際に使用する治工具は省きます。そうしないと置き場が膨大になってしまうからです。イレギュラー時に使用する治工具は、集中管理で置き場を決めておけばよいのです。通常に使用する治工具の数を絞り込み、置き場をなるべくシンプルにします。

　そして、洗い出された治工具は使用する際の順番で並べます。これを「工具のライン化」と呼んでいます。置く場所は使用箇所の近くで、手を伸ばせば届く範囲に置くのが理想です。機械の脇に取り付ける場合もあります。

❸狙いの寸法

　置き方は戻す際に見なくても戻せるくらいに、受けの間口を大きくします。これは「狙いの寸法」を大きくすることで、ドライバーなど穴に差し込む置き方であれば、穴の大きさをジョウゴのようにラッパ型にすることです。また、スパナであれば横置きにしてとりやすさも考えて置くのです。実際の作業を見て置き方、取り方はどれが楽か決めていきます。

第3章 5Sを具体的に実践する

図 3-15 │ 段取り替え作業の使用工具の集中管理と分散管理

集中管理

個別管理をやめて集中管理

分散管理

使用する機械の近くに工具を置いておく

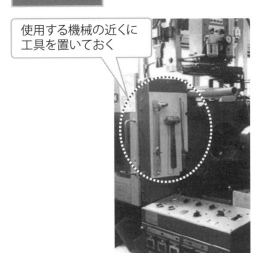

要点 ノート

段取り替えなどで使用する治工具は、使い終えるとまた元の置き場に戻しに行かなくてはいけません。ならば、置き場を使用箇所のなるべく近くに置き、歩行数を少なくする「分散管理」を考えてみましょう。

137

5 「治工具整頓」を進化させる

工具の置き方ひとつで作業時間が変わってくる

❶工具を使う、戻す動作のムダを見つけよう

組立ラインで使用される工具に電動ドライバーがあります。ドライバーを使うヒトに整頓の意識がないと、作業台の右側に置かれたり、左側に置かれたりしますが、これでは作業性に影響します。

作業者が使用する工具の手の動き（動作）を追ってみると、
① 電動ドライバーに手を伸ばす。
② 電動ドライバーをつかむ。
③ 電動ドライバーを引き寄せる。
④ 電動ドライバーを使う。
⑤ 電動ドライバーを元の位置に移動する。
⑥ 電動ドライバーを放す。
⑦ 手を次の作業点に移動する。

という7つの動きが発生します。そして、作業台に置き場が決まっていない場合は、この手の動き（移動）が定まらず、あっちに置き、こっちからとりとバラバラになり、そのたびに手の動きも変わり、遠ければ遠いほど時間も長くかかり、作業動作も多くなります。逆に、この手の動きを小さく、移動距離を短くすれば、作業時間を短縮できるのです。

❷置き方によって動作時間が減ります

第1ステップ：この電動ドライバーを作業台の定位置に置くために区画します。

第2ステップ：作業台の上からバランサなどを用いて吊るします。しかし、ただ上から吊るしただけでは、手を動かす距離が短くなっただけです。また、作業をしている時に目の前を電動ドライバーがユラユラと動き、作業の邪魔にもなります。

第3ステップ：揺れ止めなどをつけ、使用後は手を離せば元の位置に戻るような仕組みをつくります。こうすると使用した後に発生する「電動ドライバーを元の位置に移動する」という動作がなくなります。また、電動ドライバーの置き場を、作業台の上から手の近くに吊るすことにより、動作の時間が半減され

るのです。

　電動ドライバー1つを使用する動作であれば、少しの時間のようですが、これが何種類もの工具で同じように発生し、さらには何百個もの製品をつくるためにくり返されるのです。

図 3-16 ｜ 電動ドライバーを使う・戻すの右手動作比較

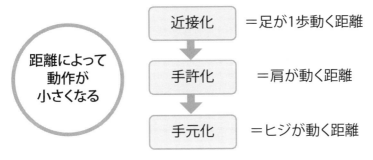

	改革前	1次改革後			2次改革後			3次改革後		
電ドラの定位置	作業台の上	作業台の上			バランサーで吊るす			バランサーで吊るす		
電ドラの状態	定位置なし	定位置			電ドラが振れる			振れ止め設置		
右手の動きと右手の移動距離	比較不可	No	右手の動き	右手移動距離	No	右手の動き	右手移動距離	No	右手の動き	右手移動距離
		1	電ドラに手を伸ばす	50cm	1	電ドラに手を伸ばす(吊るし位置へ)	20cm	1	電ドラに手を伸ばす	20cm
		2	電ドラをつかむ		2	電ドラをつかむ		2	電ドラをつかむ	
		3	電ドラを引き寄せる	50cm	3	電ドラを引き寄せる	20cm	3	電ドラを引き寄せる	20cm
		4	電ドラを使う		4	電ドラを使う		4	電ドラを使う	
		5	電ドラを戻す	50cm	5	電ドラを戻す(吊るし位置へ)	20cm	5		
		6	電ドラを放す		6	電ドラを放す		6	電ドラを放す	
		7	手を戻す	50cm	7	手を戻す	20cm	7		
右手の移動距離の合計				200cm			80cm			40cm
右手の移動距離の削減率							▲60%			▲80%

（電ドラ＝電動ドライバー）

要点ノート

治工具を使う時には必ず「見つける」、「使う」、「戻す」という動作が発生します。その動作には時間がともない、動作を減らすことで作業時間短縮につながります。

5 「治工具整頓」を進化させる

「工具の共通化」、「手段の代替化」、「工具の未使用化」で動作を減らす

❶工具の共通化を図ろう

　治工具そのものを使わないやり方はないのか考えましょう。治工具があるために、乱れが発生し、使ったり、戻したりという動作も生んでしまうからです。

　この手法に「工具の共通化」があります。プラスのドライバーとマイナスのドライバーの2種類を使用するビス打ちがある場合、ビス自体を見直し、プラスドライバー1本で打てるようにするのです。2種類の工具を使用するということは、工具をとりに行く動作が2回発生することになるのです。1種類の工具で行えれば、動作は1回で済みます。ただし、ビスの種類は使う箇所によってはプラスとマイナスの使い分けがあるので注意しましょう。

　文房具でも、黒のボールペンと赤のボールペンを1本のボールペンにしたものがありますが、これが共通化です。このことによって動作は少なくなるのです。

❷手段の代替化

　「手段の代替化」も考えてみましょう。たとえば金型や治具などでボルトを留めるためにスパナを使用しますが、スパナ自体を使用しないで留めることはできないのでしょうか。はじめからボルトにスパナを溶接しておくとか、手で可能であれば蝶ねじにしておくとか、クランプによる固定方式にしてクランプ自体を治具につけておくなど、工具をとりに行ったり、戻したりという行為自体がなくなります。

❸工具の未使用化はできないだろうか

　工具を使わない方法はないだろうかを考えていくと、
①そもそも、なぜ工具を使うのだろうか。
②ビスを締めつけるから。
③ではなぜ、ビスを締めつけるのだろうか。
④ビスを使ってモノとモノを接合するため。
となります。このように考えると、モノとモノとを結合するのであれば、一体成型により穴あけやビス締めという作業自体の工程をなくしてしまう、などの

発想に行き着きます。このようなことは、設計自体から見直していく「価値工学」の世界に入っていきます。今までの治工具整頓の進化論0から4までは「生産工学」の世界です。

いずれにせよ整頓の意識がない進化0の状態から、進化5までに自分たちの現場の状況を当てはめてみると、今の現場の実力が見えてきます。自分たちの整頓のレベルは今どのあたりにあるかがわかることで、次への改革・改善活動の方向が見えてきます。

図 3-17　道具を使わない方法

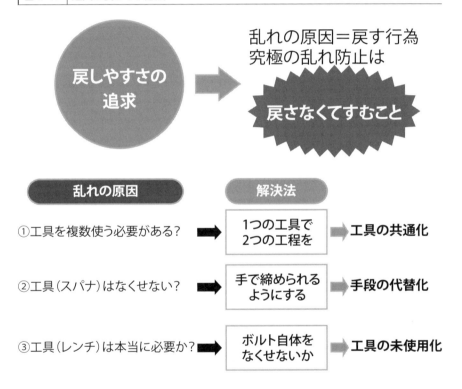

要点　ノート

なぜ、その作業が発生しているのだろうか考えてみましょう。その作業をなくすことは、当然その作業者の動作もなくなることになります。なくすには「工具の共通化」、「手段の代替化」そして「工具自体をなくす」ことです。

6 「清掃」を実践する

まず全員で
汚れを徹底的に落とす

❶まずは自ら手にホウキと雑巾をもとう

　いよいよ日常清掃のはじまりです。清掃とは字のごとく「清」と「掃」の2文字に分けられます。「清」は「さんずい」と「青」という字からなり、水で青と解釈でき、これは「水を絞った雑巾」で青くなるまで磨き込めということがうかがえます。「掃」は「てへん」に「帚」と書き、これは「手」に「箒(ホウキ)」をもつことを表しています。したがって「清掃」とは「手にホウキを持ち、雑巾で青々と磨き込む」と理解できるのです。これを習慣づけることです。そして、床の隅、壁際、柱のまわりのゴミやチリも掃き、壁や窓、扉などのホコリやチリを払い拭きます。こうしてゴミ、カス、クズ、スクラップ、破片、切り粉、油、シミ、サビ、ホコリ、砂などの汚染物を徹底して取り除くのです。

　こびりついた汚れをそのままにしておくと、汚れが拡散し、あっという間に広がっていきます。そしてヒトの心も、いつしか汚れが気にならなくなってしまうのです。逆にいつもキレイにしておくと、少しの汚れでも目立ち、汚れが気になるようになります。こうして、どこから出た汚れなのかという問題をオモテ化するのです。

❷集中清掃は全社で行う

　自分たちの職場の床が汚かったら、最初は元の床面の輝きになるまで、自分たちでこびりついた汚れを徹底的に落とすことです。簡単に落ちない場合は、洗剤や磨き粉などを用いて、とにかくこびりついた汚れを落とします。

　また、面倒だからと清掃業者にまかせてはいけません。汚れを落とす苦労をしないままでいると、徐々に汚しても気にならなくなるのです。この機会に社長を筆頭に、全員で時間を決めて一斉に清掃することです。このような清掃を「集中清掃」と呼びます。社長自らが行うことで、従業員全員が汚れに対しての意識を高めます。そうして、今まで放置した甘えの心を、全員で拭きとるのです。

　集中清掃の実施時期は、工場や職場が稼働していない連休や、年末年始に合わせて設定します。汚れのひどい箇所を洗い出し、工場や職場全体のレイアウトマップに記載します。次にメンバーを各清掃箇所に割り振ります。この時、

清掃範囲の広さと汚れの度合いによって、人員配分を行います。そして清掃用具や洗剤、マスクや軍手など、何が必要か洗い出します。

また、実施の際には、設備などは表面だけではなく、可能なかぎり分解して、機械などの中までキレイにしていきます。汚れはがどこから発生しているか、発生源を見つけておき、保守、保全につなげます。

図 3-18 なぜ集中清掃が必要なのか

人間の体のように、どんなに清潔を心がけてもアカは溜まっているもの

↓

汚れた床に区画線を引いたり、モノを置き直しても逆に汚れを飛散させる可能性もある

5S・3定活動スタート前に、会社をあげての集中清掃が必要!

集中清掃の手順

1. 職場に置かれたモノを撤去
2. 撤去したモノの中から不要物を捨てる
3. 職場内をくまなく清掃
4. 撤去したモノ自体をキレイにして職場内に戻す
5. 職場内のモノのレイアウトを整える

要点 ノート

「集中清掃」により全員で同じ時間に職場の汚れを落とすことで、汚れに対する意識が共有されます。そして、自らの手で清掃することで、二度と職場を汚すまいという意識が芽ばえます。

6 「清掃」を実践する

清掃点検ルートマップを作成する

❶「清掃点検チェック表」を作成する

　清掃の点検ポイントは汚れ、破損といった機械設備の現象面と機構面に分かれます。点検ポイントを洗い出し、清掃の順序と点検ポイントを合わせて決定します。また、日、週、月などの点検周期を決めます。そして、機械設備1台ごとの「清掃点検チェック表」を作成します。

　清掃点検チェック表を作成したら、職場名、機械名を記入し、機械のそばに掲示します。チェックポイントが多い場合は、点検項目を見直し、各曜日に割り振ります。そして、毎朝5分間で清掃点検が実施できるようにします。

❷「清掃点検ルートマップ」を作成する

　実際に清掃点検を実施していくと、点検項目からの視点でまとめられてしまうことが多く、機械の後ろに回ったり、横に行ったり、正面に戻ったりとあちこちに振り回されます。グルリと機械を1周すれば、清掃点検が済むような手順に清掃点検項目を並べ替え再編します。その際、日々点検、週間点検、月間点検箇所を、ルートを分けて設定すると良いでしょう。

　対象機械や設備の絵を描き、清掃点検のルートを書き込んだ「清掃点検ルートマップ」を作成します。こうして点検箇所の順番を書き込むことで、清掃点検の順番を明確にします。また、日々点検箇所は白、週間点検箇所は青、月間点検箇所は黄色などと決めておき、清掃点検ルートマップに色を分けて表示します。

❸機械設備の点検箇所に点検順番のNo.を表示する

　清掃点検の順番を決めた清掃点検ルートマップが決まったら、対象となる機械や設備自体の点検箇所に、順番を表すNo.を表示します。また、このNo.表示は日々点検、週間点検、月間点検の周期別に決めた同じ色で表示します。

　さらに、大型設備などの対象設備では、床に清掃点検ルートの番号と足型の絵を描きます。そして、点検箇所では、油量の給油レベルや計器類の正常値範囲が誰が見てもひと目でわかるように、レベル線などを表示しておきます。

　清掃ルートに合わせて清掃を行っていき、足型表示がある点検箇所にきたら、点検ポイントにそって点検を実施、異常がなければ点検箇所を指で指し

第3章 5Sを具体的に実践する

「ヨシ！」と声をかけます。声を出すことで、自分自身を客観的な立場に置き、点検箇所を看ることができるのです。

図 3-19 　日々点検、週間点検、月間点検箇所と清掃点検ルートマップ

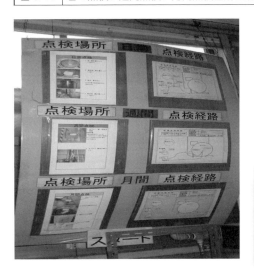

日々点検、週間点検、月間点検別の色分けと清掃点検ルートマップを清掃点検スタート地点に掲示する

図 3-20 　清掃点検箇所の足型表示

足型表示の箇所では立ち止まり、点検ポイントを指差し呼称でチェックする

要点 ノート

清掃点検が誰でもできるように、清掃点検の周期ごとに色分けして「清掃点検ルートマップ」を作成しましょう。そして、機械設備の点検箇所にも同じ色に色分けした、点検順番の No. を表示しましょう。

6 「清掃」を実践する

清掃点検から
設備保全につなげる

❶復元と改革・改善

　清掃点検を実施して異常や欠陥が発見されたら、作業者自らがその場で復元または改革・改善を行います。これを「即時保全」と呼びます。この時、「元の状態に戻す」ことを復元といい、「現状よりも新たに改めること・良く改める」ことを改革・改善といいます。また、その場で即時にできないことは、保全カードなどに欠陥・異常を記入し、保全係へ依頼します。

❷清掃保全の実施方法

　清掃保全の実施方法は、まず清掃点検チェック表の脇に部署名、設備・機械名およびコード、日付、依頼者名、そして欠陥・異常状況を記入する枠と、後で保全係が書き込む対処内容と対処予定日、対処担当者名の枠を書いた「保全カード」を吊るしておきます。

　清掃点検を実施して点検箇所などにおいて作業者自身で対処不可能な欠陥・異常が発生していたら、この保全カードに必要事項を書き込みます。そして、清掃点検チェック表の点検箇所には「依頼中」と記載しておきます。書いた保全カードは「保全カードポスト」に入れておきます。管理職クラスは、朝の5分間清掃点検が終わった段階で、担当職場を巡回し、清掃点検チェック表の確認と保全カードポストを確認します。ポストにカードが入っていれば、そこの設備や機械に欠陥や異常が起きていることになります。そして、現場を確認したうえで保全カードを回収します。

　回収した保全カードは、担当職場の目立つ場所に「設備保全集中管理板」を設置し、保全依頼の枠に貼り出します。

　保全係はこの管理板を見て、どこの職場の何の機械設備に、どんな欠陥・異常があるか把握します。当然保全カードに書かれた内容を現場で確認し、対処内容と対処予定日、担当者名を書き込み、再び設備保全集中管理板の対処中枠へ貼り出します。

　あとは、この集中管理板で対処予定日に対処が行われたかを確認します。また、緊急などの保全物件については、保全カード自体を赤にして目立たせます。

第3章 5Sを具体的に実践する

図 3-21 清掃保全の実施

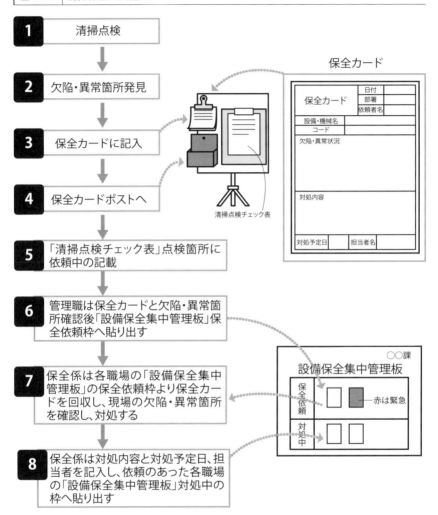

要点 ノート

「清掃点検チェック表」を基に清掃点検を実施していく際、機械設備の異常や欠陥が発見されたら「保全カード」に記録しましょう。そして保全係は「設備保全集中管理板」で保全対処状況を見えるようにしましょう。

7 「予防」で問題の発生源を点検

買わない、入れない、つくらないことを考え「予防整理」

❶「赤札作戦」は事後処理

5Sの中で「整理」における具体的活動として「赤札作戦」という1つの手法を用い、要らないモノと要るモノをハッキリ分け、要らないモノを捨てました。しかし、赤札作戦自体は事後対策でしかなく、要らないモノがあるから「赤札」を貼るのです。いくら赤札作戦を行っても、要らないモノはなくなりません。また出てくるのです。そこで要らないモノが発生する源を探してみましょう。

❷ヒトの不要物に対する意識

まず根底にあるのは、モノに対するヒトの意識的な考え方から不要物が発生するということです。あるヒトの考えでは要ると思っていても、別のヒトの考えでは要らないという個人差が出てしまいます。そこで基準を決めて要る、要らないの判断をするのが「赤札作戦」です。

❸生産計画のあり方

はじめは生産計画の組み方です。月1回の「月いち生産」で組まれているか、週1回の「週いち生産」で組まれているか、毎日生産する「日当たり生産」で組まれているかによって、要るモノの量が左右されるのです。

❹材料を発注管理する方法

生産計画に合わせてまとめて発注を行う際、現場まかせでそのつど在庫を確認しながら発注を行うと、生産計画に組み込まれている期間が長ければ長いほど、担当者は安心在庫を考えて、多めに発注している場合が多いものです。

❺購入品・外注品の納入方法

まとめて発注された材料は、まとめて納入されるケースが多く、倉庫は納入当初はあふれるほどの材料で埋めつくされ、生産計画の終わるころには少なくなっています。

そして当初予定していた計画が変更になり、来月使うだろうとそのまま置いておいた材料が、はじめは倉庫の片隅にありますが、期間が長くなればなるほど倉庫を埋めつくすのです。

❻生産方法

前後工程に関係なく個々の職場ごとに生産が行われている場合、とにかく自職場の生産を多く行おうと、後工程のことなどおかまいなしにドンドン生産し、できてしまった半製品の山が現れてきます。

このようなことが、工場のあちこちで行われ、やがては要るモノと要らないモノの判断がつかないくらいに現場にあふれかえるのです。要らないモノがこうして溜まったら、その根底の仕組みから変えていかなければなりません。

図 3-22 | 不要物発生の原因と対策

1　ヒトの不要物に対する意識
つい多めに発注してしまったり、不要物を捨てられなかったりする
→ **意識改革**　不要物は買わない、入れない、つくらない

2　生産計画のあり方
材料、在庫はついまとめ発注されがち
→ **平準化計画**　まとめ発注をさけ、平準化する

3　材料を発注管理する方法
発注方法が確立されていないと誤発注がおきやすい
→ **発注かんばん　仕掛けかんばん**　ひと目でわかるかんばん方式

4　生産方法
自職場の生産高を上げるため、ドンドン生産を続けてしまう
→ **ライン化、1個流し生産**　後工程を考えた生産方法にする

5　購入品・外注品の納入方法
こまかな納入をせず、まとめ納入をしがち
→ **納入の小ロット化、納入の多回納入化**　不要品を生みにくい納入方法を検討する

不要物発生の原因はさまざま
原因と対策をおさえ、不要物のない職場を目指す!

要点 ノート

「赤札作戦」は不要なモノがあるから「赤札」を貼るのです。ですから赤札作戦は事後処理でしかなく、いくら行ってもその根本である真因を潰さなければ、また要らないモノが出てしまうのです。

7 「予防」で問題の発生源を点検

在庫は3定、治工具は戻しやすさで「予防整頓」

❶在庫の予防整頓

　現場で乱れるモノは、大きく2つに分けて考えられます。1つは材料や部品や仕掛り品や製品といったモノです。

　工場でモノは必ずといって良いほど移動や停滞が発生します。業者から搬入され倉庫に置かれ、倉庫から加工職場に運ばれ、加工されたモノは組立工程へと運ばれ、完成すれば出荷場へと送られます。このように停滞する置き場から、あるヒトは左から取り出したり、あるヒトは右からだったりルールが決まっていないと、モノは好き勝手な位置から取り出されてしまいます。そうなると同じ品目の置き場なのに、あちこち空きができて乱雑になり、製造日の古いモノが残り、新しいモノが出庫されてしまうのです。

　また、運搬先で置こうと思ったら置き場が決まっておらず、勝手に置かれてしまったり、置こうと思ったら置き場がいっぱいで、とりあえず脇に置かれてしまったりと、置かれる時にも乱れが生じます。

　それを改めるためには、置き場をキレイに使おう、キレイにモノを管理しようというヒトのモノに対する意識がまず前提となります。

　そして、モノの置き方の基本ともいえる「どこに」「何を」「いくつ」という3定がシッカリとできているかが問題です。モノの搬入時、取出し時のルールが決められ、誰でもわかるように表示されていたり、先入れ先出しの仕組みになるように、置き場を変えましょう。

❷治工具の予防整頓

　また、もう1つの治工具や金型ですが、ヒトは何かを加工する際に、使おうとする治工具を見つけに行きます。使い終わったら元の場所に戻します。このようなプロセスで運用されている治工具は、元の置き場に戻るという特徴があるのです。その戻す際に乱れが生じます。

　こうして考えると置かれたり、戻したりという行為が発生する際にモノは乱れることがわかります。乱れの発生源を絶つには、この置いたり、戻したりという行為をなくせば良いのです。

　特に治工具においては、前述した「治工具整頓の進化論」に沿って、整頓の

初期段階から予防整頓にいたるまでの「整頓手法のステップ」を踏んでみて欲しいものです。

予防整頓における着眼点は、やはりヒトの乱れに対する意識レベルがどれほどあるかがポイントとなります。そして、モノの置き方の基本はあるか、搬入時、搬出時の作業はルール化されているか、置き場は仕組み化されているかなどがあげられます。

図 3-23 乱れの着眼点と対策

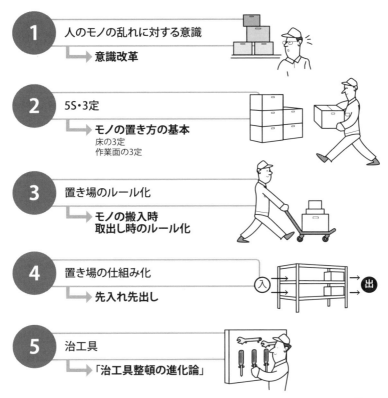

乱れるのは、戻す作業が発生するから
モノを戻さなくても済む仕組みづくりを考えよう！

要点 ノート

在庫については、3定で基盤をつくりましょう。そして搬入時、取出し時のルールを目で見てわかるようにし、先入れ先出しの仕組みをつくります。治工具は、戻しやすさを追求しましょう。

7 「予防」で問題の発生源を点検

汚れの発生源を追求する「予防清掃」

❶汚れは飛散してしまいます

　工場内のゴミやチップ、ホコリなどを見ていると「臭いものにはフタをしろ」という昔聞いたフレーズを思い出します。この言葉で思い浮かぶのが、テレビのニュースでたまに見かけるタンカーの座礁事故です。座礁しているタンカーの周りには、これ以上重油を広がらせまいとオイルフェンスが敷かれ、出てくる重油を食い止めています。オイルフェンスの外に流れ出した重油は、広い海にまたたく間に広がり、海岸線には波に打ち寄せられた重油が流れ着き、海鳥や魚が油まみれでもがいています。

　事故の後には、たくさんのヒトたちが海岸線に打ち寄せられた重油の除去作業を行っている光景を、その後のニュースで見かけます。

　工場でもこれらとまったく同じ状況が見られます。切粉やチップ、ゴミやホコリなど、発生箇所はごく限られているにもかかわらず、工場のあちこちに飛散しているのです。そして、清掃が行われます。汚れが拡散すればするほど清掃の範囲も広くなり、清掃時間もかかってしまいます。

❷汚れを飛散させない、出さない仕組みをつくろう

　そこで、汚れを根本から抑え、飛散させないために機械にカバーをつけたり、切粉やチップが出てくる根本でバキュームで吸い込みます。

　また、出てしまった汚れをつきにくくし、清掃の手間をできるかぎり少なくする工夫もあります。フライパンなどの表面はフッ素コーティングをすることで、焦げがつきにくくなったり、使用後に水で流せばキレイに汚れがとれます。ご飯をよそるシャモジやお茶碗などは表面を凸凹にして、ご飯粒がつきにくくし、食器洗浄を楽にしているモノもあります。

　しかしこれらは、まだゴミが出ていることには変わりありません。最終的には汚れ自体を出さない、ゴミ自体を発生させない仕組みを追求しましょう。

①なぜ清掃するのだろうか？　⇒　切粉が出るから。
②なぜ、切粉が出るのか？　⇒　穴をあけるから。
③なぜ、穴をあけるのか？　⇒　ビスをつけたいから。
④なぜ、ビスをつけるのか？　⇒　モノとモノとつけたいから。

⑤モノをつける他の方法はないだろうか？

というなぜを5回繰り返し、根本を見直す提案はできないか、追求していきましょう。

図 3-24 ｜ ゴミの飛散を防ぐ方法

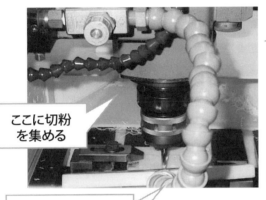

装置の表側

装置の裏側

| 要点 | ノート |

汚れは放置しておくと飛散して汚れの範囲が拡散してしまいます。汚れを飛散させない、汚れをつけない、汚れを出さないことを追求して、汚れの根本を断ちましょう。

8 「躾づくりを実践」

現行犯で叱ろう
－情けをもって、その場で叱る－

❶「3愛の心」をもとう

　躾の定着化で、非常に重要なことは「叱る」ことです。それも単に叱るだけではなく、いかに「情をもって叱る」かがポイントとなります。

　上司たる者、毅然たる態度で部下を叱ります。ただし、ここでのポイントは「情」です。情のない口ばかりの叱りは、心が通じないばかりか、上辺のよそよそしさばかりが一人歩きをしてしまいます。このような「情けをもって叱る」上手な叱り方ができる上司がいる職場は、1本の糸をピーンと張ったような緊張感と静粛さを感じます。また、糸がだらーんと感じられる緊張感のない職場で必ず起きるのがケガや不良です。

　情があるということは、「地」、「ヒト」、「モノ」の3つに対する「3愛の心」をもっていることで、それがなければ本当に心から叱ることはできません。まず大切なことは、叱り手の心そのものです。

❷現行犯で叱ろう

　今の世の中、あまりにも大人たちが叱ることをしなくなりました。叱るということは、怒ることではないし、怒鳴ることでもありません。叱るのです。感情を表に出し、自分の高ぶった気持ちを相手にぶつけて制するための「感情的行為」が怒るとか怒鳴るであって、叱るは内面に情をたくわえ、相手を大きく伸ばすためにする「理性的行為」です。

　子供連れの家族をレストランで見かけた時、お腹を空かした子供の前に食事が配膳されてきました、ここぞとばかりにお腹を空かした子供が「いただきます！」もしないで、握り箸で食事に飛びかかりました。両親はムスッとした顔をしていましたが、周りを気にしてかすぐには叱りませんでした。

　家族全員が食事を済ませ、席を立ちレジで会計を済ませてから、母親が子供に、「〇〇ちゃん、さっきはいただきますしないで、箸を握って食べてたでしょ。あれはダメよ」と叱り、「パパもちゃんと躾けてよ」などといいながらお店を出ていきました。子供のお腹は満たされ、まんぷく状態なのでママの言葉を聞いているようで聞いておらず、その状況が悪いことなのかどうかもわからず、ただ「うん、わかった」といっていました。

これは、いただきますをしない、握り箸という現象だけを叱ってしまい、なぜやってしまったかの原因を理解させないで叱っているので、子供はまた同じことをやってしまいます。この現象が起こった原因である空腹の時に、その現象とともに叱らなければ、子供の記憶には残りにくいのです。

このことから、叱るために「情けをもって」、「現行犯で」、「その場で叱る」ことが重要です。

図 3-25 ｜「怒る」と「叱る」の躾づくり

怒る	叱る
・感情を表に出す ・相手を威圧する ・殴る ・甘やかす ・本人が目の前にいなくても良い ・その場で怒らなくても後でも良い ・不信づくり ・職場のムードが沈滞化する	・愛情を表に出す ・相手を伸ばす ・叩く ・ほめる ・必ず本人が目の前にいる ・その場で叱ることが原則 ・躾づくり ・職場の背筋がピンとなり、活性化する

要点ノート

怒るは「感情的行為」で、叱るは「理性的行為」です。「地」、「ヒト」、「モノ」に対する「3 愛の心」をもち、「情けをもって」、「現行犯で」、「その場で叱る」ことが叱り上手のポイントです。

8 「躾づくりを実践」

「叱る」と「ほめる」の二面性を考える

❶叱るとほめるの二面性があります

多くの場合、叱る時には、そのヒトがミスをしたという現象面と、二度と同じミスはして欲しくないという心の面を1つにして「情けをもって叱る」のです。

しかし、プラスもあればマイナスもあるように、人間には良い面と悪い面の両方があります。失敗もあれば成功もあるのです。

そこで、失敗したからと、そのことだけを責めてしまうと、心が折れてマイナス思考になりかねません。また、成功したからといってずっとほめ続けることも良くありません。上手な叱り方には、叱るとほめるの二面性があります。

❷サンドイッチで叱ろう

そこで、叱るとほめるの二面性をうまく挿み込んで叱ります。この挿む黄金比率が存在します。二宮尊徳の子育てでは、このように教えています。

「可愛くば　5つ教えて　3つほめ　2つ叱って　良い子に育てよ」

この3対2の比率が重要なのです。

また、そのやり方も「ほめる」を3回続けてはいけません。また、「叱る」を2回続けてもいけません。モノづくりと一緒でロットにまとめてしまうと、意識が偏ってしまいます。ちょうど良く挿むのです。

そして躾も「3現3即3徹」の行動指針に合わせて行います。「3現：現場で、現実を直視し、現物を目の前に」、「3即：その時、その場で、すぐに」、「3徹：頭からお尻まで徹底したこだわりをもって」叱りましょう。

サンドイッチのように「ほめる」と「叱る」をちょうど良く交互に挿み込んで叱るのです。

①「ほめる」はじめにほめることでヒトは聞く耳をもちます。
②「叱る」今回のミスなどについての現象面を叱ります。
③「ほめる」普段の良い面をほめて、今回のミスの原因を理解させます。
④「叱る」ミスを起こした心の隙間を叱ります。
⑤「ほめる」君がこの職場を支えているという自覚をさせます。

このようにして、「叱る」緊張感とその間に「ほめる」を挿むことで、まず

第3章 5Sを具体的に実践する

現状を認識させるための聞く耳をもたせます。そして、今回のミスの原因を現象面から理解してもらい、叱られることを納得させます。
　そして二度とミスを起こさないという強い心をもたせましょう。叱ることでも最後は本人のやる気を引き出し、さらに成長して欲しいという願いを込めて「情けをもって叱る」を実践しましょう。

図 3-26　「ほめる」と「叱る」は 3 対 2 の比率で

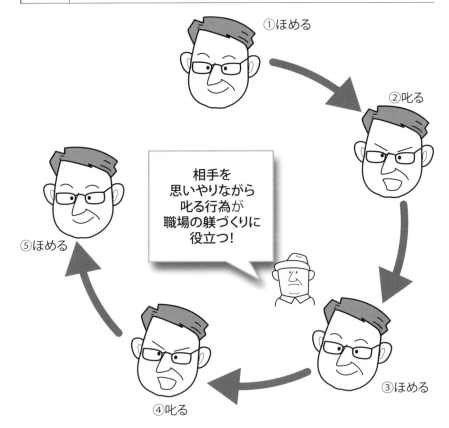

相手を思いやりながら叱る行為が職場の躾づくりに役立つ！

要点 ノート

「叱る」と「ほめる」の二面性を理解して、「ほめる」3 対「叱る」2 の比率でサンドイッチで叱りましょう。叱られるという現状を認識し、理解し、原因を納得してもらい、次なる成長へつなげましょう。

8 「躾づくりを実践」

5S・3定パトロールで写真を撮ろう

❶会社には価値観、倫理観が違うヒトたちが集まっている

　会社で働くヒトたちの生産年齢の幅は15歳から定年を迎える65歳くらいまで、なんと50年もあります。このギャップの中で会社で働くヒトは活動を続け、工場ではモノをつくるのです。

　現在では目まぐるしく風景が変貌し、経済が激変し、ヒトの意識が変わってきています。何百年前のように時代はゆっくりとなだらかに動いてはくれません。その中を生きるためのさまざまな価値観、倫理観があり、それを携えたヒトが5名、10名、100名、1000名と集まって会社が運営され、工場が稼働しています。

　現在、躾という基本を失った社会では、想像を超える不気味な事件が起きています。工場でも安全や品質が崩れ出しました。このような時代に必要なことは、もう一度日本人の心の梁(はり)とも思える躾を定着させることではないでしょうか。それもいろいろな価値観、倫理観をもっているさまざまな人々に通じ合えるような、新しい躾づくりが要求されているのではないでしょうか。

　そこで、上から抑え込むような、またジメジメ、メソメソとしたイメージの暗い躾づくりではなく、みんなが楽しみながら躾づくりを行っていけることを考え、全員が参加をし、全員がアイデアを出し、全員で活動をする道具を使った躾づくりを提案します。

❷「5S・3定推進ツール」をうまく使おう

　「5S・3定推進ツール」は、標語やステッカー、マップや活動スケジュール、写真や動画、活動ニュースやマニュアル、SNSなどさまざまなものが考えられます。このようなツールを使い、5Sの目的を共有し、目標を見定め、他部署と活動を確認し合いながら、成功事例を横展開したり、自職場の進捗を自覚したり、お互いの問題や悩みごとなどを相談したりと5S・3定推進活動を進めていきましょう。

　「5S・3定パトロール」では不備な点や乱れている箇所を写真に残し、「5S・3定改革項目一覧表」とともに担当部署ごとにまとめておきます。それを受けた担当部署は5S・3定改革項目一覧表の指摘項目ごとに対策を講じ、担当者と

納期を決めて取りかかります。実施後には改革後の写真を撮り、「5S・3定改革実績表」に部署名、担当者名、改革項目、改革前の写真と改革後の写真、効果と費用などの実施実績をまとめます。

これらの5S・3定改革実績表は部署ごとに「5S・3定活動管理板」に掲示したり、報告会やSNSなどで全社で共有したりして、実際に行った担当者がわかるように実績を残しましょう。

図 3-27　5S・3定推進ツール

1. 標語（垂れ幕、短冊、リボンなど）
2. テーマ強調（ステッカー、ポスター、看板など）
3. 担当決め（担当マップ、当番札など）
4. スケジュール管理（活動計画、スケジュール表など）
5. 写真・動画（テーマ写真、テーマ動画など）
6. ニュース（社内ニュース、5S記事など）
7. マニュアル・フォーマット（5S・3定マニュアル、チェックリスト、レーダチャートなど）
8. SNS（チャット、Facebook、インスタグラムなど）

要点 ノート

同じ会社でも価値観や倫理観などさまざまな考えをもっているヒトたちが働いています。このような社会で上から抑え込むような躾ではなく、「5S・3定推進ツール」などでお互いに共感、共鳴できるような躾づくりを進めましょう。

8 「躾づくりを実践」

報告会で活動の成果を発表する

①**報告会で進捗確認**：5S・3定活動の進捗を確認するうえで、報告会は欠かせません。面倒だといって現場まかせになってしまうと、当然のように活動が衰退化してしまい、いつしか活動も消えてしまいます。かといって毎回全社で報告する時間もありません。適正な報告の範囲と報告会の頻度を設定しましょう。

②**週間状況報告**：週間の頻度では、担当エリアごとになるでしょう。規模にもよりますが、班や係、課や部といった部署単位になります。部署の計画に沿った活動状況と活動指標の集計と推移、個人ごとに割り振られた5S・3定改革項目の実施状況を報告し合い、遅れや進み具合をリーダーが把握します。そして、遅れている課題に対しては部署全員で助け合う時間を設定し、フォローをしていきます。

③**月次状況報告**：月次の頻度では、5S・3定推進体制のリーダー以上で行います。各部署の状況報告と指標項目に対しての目標と実績数値、課題となっていた5S・3定改革項目の実施状況と「5S・3定改革実績表」による事例を共有します。また、全社での共通項目に対してのルール決めや対策などを決めていきます。遅れている部署については全社をあげてフォローできるよう活動の時間設定や人員の配分も行います。

④**中間報告会**：5S・3定推進体制のメンバー全員が参加し、5S・3定推進室が中心になり、半年間の活動状況と指標項目に対しての目標と実績数値を部署ごとに報告し合い、進捗状況の確認を行います。また、改革事例を共有し合い全社ルールの確認をします。さらに、残りの活動期間に対しての課題や方向性などを修正、確認します。

⑤**全社発表会**：5S・3定活動スタートのキックオフから1年後の活動状況を全社員が参加して、部署単位で発表していきます。まずは全社状況として、現状の会社状況と業界動向、活動の目的確認、全社指標項目に対しての目標と実績数値、各部署単位の目標数値と実績数値など、推進室から全体報告を行います。そして、各部署単位で活動テーマと、部署ごとの指標項目に対しての目標と実績数値、活動計画に対して実績確認を行います。さらに実際に行った

5S・3定改革の実績で優秀なものを、5S・3定改革実績表を基に実際に行った担当者に発表してもらいます。そして、次の期間への課題と次なる目標数値の発表を行います。また、全体として優秀改革事例の表彰や優秀職場を表彰し、全社としての次期期間の目的、目標、計画概要を発表しましょう。

図 3-28　各種報告会一覧表

頻度	開催名	参加メンバー	まとめ役	内容
週間	週間状況報告	担当エリアメンバー	エリアの推進リーダー	・部署の計画に沿った活動状況 ・活動指標の集計と推移 　個人の5S改革項目の実施状況 　メンバーのフォロー
月間	月次状況報告	5S・3定推進体制リーダー以上	推進室	全社指標項目に対しての目標対実績 全社共通課題の実施状況 各部署の状況報告（目標数値対実績） 各部署の5S・3定改革項目の実施状況 各部署の5S・3定改革実績事例報告 全社での共通項目に対してのルール決め
半年	中間報告	5S・3定推進体制全員	推進室長	半年間の活動状況（活動計画に対しての進捗状況） 半年間の指標項目に対しての目標対実績 全社共通課題の実施状況 各部署の状況報告（目標数値対実績） 各部署の5S・3定改革項目の実施状況 各部署の5S・3定改革実績事例報告 全社での共通項目に対してのルール決め 課題や報告性などの修正、確認
1年	全社発表会	全社員	推進委員長	年間の活動状況（活動計画に対しての進捗状況） 年間の指標項目に対しての目標対実績 全社共通課題の実施状況 各部署の状況報告（目標数値対実績） 各部署の5S・3定改革項目の実施状況 各部署の5S・3定改革実績事例報告（実施担当者発表） 全社での共通項目に対してのルール決め 優秀改革事例の表彰 優秀職場の表彰 全社の次期期間の活動目的と目標、計画概要の発表

> **要点ノート**
> 報告はこまめに行ったほうが良いのですが、週間、月間、半年間、1年間とその頻度に合わせて、報告範囲と参加メンバーを決めます。そして1年に1度は全社で「5S・3定活動年度発表会」を設定しましょう。

コラム

● 「感動5S」が未来をつくる ●

　人類の歴史を振り返ってみると、今は豊かな時代であるといわれています。しかし、それは「モノの豊かさ」、「知識の豊かさ」であって、けっして「心の豊かさ」ではありません。

　5Sもまさに同じことがいえます。金型や治工具がいくら数多くあっても、清掃用具が十分に準備されていても、これらが無造作に放り投げ出されていたら、何の感動も湧かないし、むしろ醜くさを感じてしまいます。

　それではとばかりに、5Sのいろいろな手法や技法を勉強して知識を蓄え、これを応用し、現場の仕掛り品置き場には先入れ先出しの仕組みをつくり、治工具には形跡整頓や色別整頓を駆使して職場を改革・改善したとします。しかし、これでも現場は乱れてしまうことがあるのです。

　こうしても乱れてしまう現場には「ありがとう」という言葉を入れてみましょう。モノでも知識でもなく「感謝する心」です。材料や部品、機械や治工具に対して「ありがとう」の言葉を返すのです。こうして崩れなくなった職場を見てヒトは「感心」します。感心は感動ではありません。心に感じ入っただけで、まだ心の感性を揺り動かしていないのです。

　そこで、職場に遊び心をもたせます。赤札作戦で空いたスペースに日本庭園をつくった企業もあります。ヒトは「え！」と驚き感動します。ヒトは「心の豊かさ」を求めて、感動に出会うために映画を観に行き、音楽を聴きに行きます。「感動する5S」は「心の豊かさ」をもつ5Sです。それは、ヒトを豊かな心にあふれた「未来」へと導くのです。

「期待」は感動と失望のくり返し

参考文献

1) 「目で見てわかるジャストインタイム生産方式」平野裕之著、日刊工業新聞社（1987年）
2) 「5S定着化ワン・ツー・スリー」平野裕之著、日刊工業新聞社（1992年）
3) 「トコトンやさしい5Sの本」平野裕之・古谷　誠著、日刊工業新聞社（2006年）
4) 「5Sをやってシャキッ！としなさい」ジット経営研究所著、日刊工業新聞社（2005年）
5) 「5Sのはなし」平野裕之・古谷　誠著、日刊工業新聞社（1997年）
6) 「新IE入門シリーズ②　意識改革と5S・3定」平野裕之著、日刊工業新聞社（2001年）
7) 「中小企業のMRP」平野裕之著、日刊工業新聞社（1982年）
8) 「一つずつ造れば安くなる」平野裕之著、日刊工業新聞社（1997年）
9) 「会社がみるみる良くなる「5S」の基本」平野裕之・古谷　誠著、中経出版（2005年）
10) 「お店の5Sは仕事の基本」平野裕之・古谷　誠著、中経出版（2003年）
11) 「会社を強くするジャスト・イン・タイム生産の実行手順」古谷　誠著、中経出版（2009年）
12) 「在庫管理の実際」平野裕之著、日経文庫、日本経済新聞出版社（1991年）
13) 「実践！ジャスト・イン・タイム生産」平野裕之・古谷　誠著、PHP研究所（2003年）
14) 「目で見る躾づくりの実際」平野裕之著、労働新聞社（1994年）
15) 「7ゼロ生産実現マニュアル」平野裕之著、ジット経営研究所
16) 「続・5S指導マニュアル」平野裕之著、ジット経営研究所
17) 「まんが5Sポケットマニュアル」古谷　誠著、ジット経営研究所
18) 「JIT改革心得帳」平野裕之著・古谷　誠編、ジット経営研究所
19) DVD「実践5Sプロジェクト全6巻」古谷　誠監修、アスクインターナショナル

【索引】

数・英

3Sの習慣化	40
3愛の心	44
3現3即3徹	20
4つの基本道徳	25
5M1I	51
5S	8
5S・3定	31
5S・3定改革実績表	161
5S・3定活動の推進計画	65
5S・3定担当エリアマップ	63
5S・3定チェックシート	56
5Sコンテスト	47
5S推進室	60
5S推進ツール	158
5S抵抗の12項目	53
5S表彰制度	47
5Sマン	60
5Sリーダー	60
5W1H	17
5つの足並み	66
7つの大罪	25
IE	28
Just・In・Time	10
SEIKETSU	8
SEIRI	8
SEISOU	8
SEITON	8
SHITSUKE	8
TIPDCA	22

あ

赤鬼	112
赤札基準	27
赤札作戦	26
赤札作戦プロジェクト	69
赤札スペース	115
赤札品	70
赤札プロジェクト	27
安全性向上	19
アンドン	127
入口看板	122
色のライン化	135
色別整頓	134
運搬	128
オープン管理	88、132
置き場線	32
オモテ化	37

か

改革の基本精神10箇条	53
加工	128
活動宣言	110
可動率向上	19
掃守（かにもり）	14
掃部（かもん）	14
感情的行為	19
感知する清掃	38
看板作戦	13、30
機械看板	126
機械設備と治工具	50
聴く	39
基準設定	72
黄札	74

休憩スペース	86
共有スペース	63
区画線	32
クローズ管理	88、130
経済発注量	83
形跡整頓	13、134
軽労化指数	125
原価低減	19
工具の共通化	140
心の整理	24
理（ことわり）	10

さ

最小在庫量	82
最小量表示	82
最大在庫量	82
最大量表示	82
探すムダ	12
先入れ先出し	129
作業管理と生産管理	50
作業者と作業方法	50
作業場の配置の原則	124
作業組織とレイアウト	50
三角表示	79
仕掛り看板	74、128
叱り上手	45
叱る	156
叱れる職場	102
識別整頓	13
治工具整頓の進化論	88
事後清掃	101
躾	8、18
躾づくり5つの方策	46
ジャスト・イン・タイム	10
週いち生産	146

集中改革・改善	33
集中管理	132
集中清掃	38、116、142
職場看板	76
所在地表示	78
身体の使用の原則	124
清潔	8
生産管理板	103
生産と情報	51
生産の対象品目	50
生産要素	50
清掃	8、14
清掃担当マップ	93
清掃チェックポイント	91
清掃点検	38
清掃点検チェック表	144
清掃点検マップ	96
清掃点検ルートマップ	144
清掃保全	39
整理	8
設備保全集中管理板	98、146
掃除	14
即時改革	39
即時保全	146

た

滞留品	119
タクトタイム	102
建屋看板	74
棚名目表示	80
田の字レイアウト	120
多品種化	19
屯（たむろ）	29
屯い	12
ダンゴ生産	100

地への愛	44
丁目・番地表示	78
直角表示	79、123
月いち生産	148
定位	31
停滞	128
定品	31
出入口線	85
定量	31
定量発注方式	83
動作経済の法則	124
動作時間	138
所番地表示	78

な

ながら清掃	101
日常清掃	38
狙いの寸法	136
納期厳守	19

は

端材	119
場所表示	31、78
発注点	83
ハンカチ作戦	37
日当たり生産	146
ピカピカ作戦	38
ヒトへの愛	44
標準化	12、28
標準作業	102
標準手持ち	102
品目表示	31、80
部署看板	122
不要在庫一覧表	114
不要設備一覧表	114

分散管理	89、136
平行表示	123
ペンキ作戦	32、120
方向線	85
保全カード	98、146
保全カード差立て板	98
ほめる	156

ま

看る	39
ムダ	12
ムダな動き	34
目で見る管理	13
目で見る整頓	13、30
戻しやすさ	88
モノ品目表示	80
モノへの愛	44
問題のオモテ化	54
問題表面化	19

や

指差し呼称	84
予防3S	42、101
予防清掃	152
予防整理	43

ら

ライン看板	76
理性的行為	19
量表示	31、82

著者略歴

古谷 誠 (ふるや まこと)
ジット経営研究所　代表取締役（URL:http://www.jit-ken.co.jp/）

1965年、東京都に生まれる。
1989年、日本大学農獣医学部卒業後、ジット経営研究所の創始者であり、JIT生産改革の第一人者平野裕之（「新IE入門シリーズ全11巻（日刊工業新聞社刊）」2003年度日本規格協会標準化文献賞受賞）に師事し、同研究所へ入社。
その後、ジット経営研究所にて、5S・JIT生産方式導入企業への全体的展開支援、改革推進要員の育成ならびに5S・JIT改革活動の全社的推進指導を日本国内および海外にて行う。

得意分野	製造現場、間接部門の改革指導
指導実績	自動車部品、食料品、輸送用機器、鉄道業　車両工場、化学工業、金属製品、機械、精密機器、飲食業、印刷業など
主な著書	・「トコトンやさしい5Sの本」日刊工業新聞社（共著） ・「5Sをやってシャキッ！としなさい」日刊工業新聞社（編著） ・「5Sのはなし」日刊工業新聞社（共著） ・会社がみるみる良くなる「5S」の基本」中経出版（共著） ・「お店の5Sは仕事の基本」中経出版（共著） ・「会社を強くするジャスト・イン・タイム生産の実行手順」中経出版 ・「実践！ジャスト・イン・タイム生産」PHP研究所（共著） ・「日本一やさしい5Sの学校」ナツメ出版 ・「まんが5Sポケットマニュアル」ジット経営研究所 ・「JIT改革心得帳」ジット経営研究所（編著） ・DVD「実践5Sプロジェクト全6巻」アスクインターナショナル（監修） 　ほか

NDC 509.6

わかる！使える！5S入門
〈基礎知識〉〈段取り〉〈実践活動〉

2018年2月16日　初版1刷発行　　　　　　　　定価はカバーに表示してあります。

ⓒ著者	古谷 誠	
発行者	井水 治博	
発行所	日刊工業新聞社	〒103-8548 東京都中央区日本橋小網町14番1号
	書籍編集部	電話 03-5644-7490
	販売・管理部	電話 03-5644-7410　FAX 03-5644-7400
	URL	http://pub.nikkan.co.jp/
	e-mail	info@media.nikkan.co.jp
	振替口座	00190-2-186076
企画・編集	エム編集事務所	
印刷・製本	新日本印刷㈱	

2018 Printed in Japan　　落丁・乱丁本はお取り替えいたします。
ISBN　978-4-526-07804-0　C3034
本書の無断複写は、著作権法上の例外を除き、禁じられています。

日刊工業新聞社 わかる！使える！【入門シリーズ】

◆ "段取り"にもフォーカスした実務に役立つ入門書。
◆「基礎知識」「準備・段取り」「実作業・加工」の "これだけは知っておきたい知識" を体系的に解説。

わかる！使える！マシニングセンタ入門
〈基礎知識〉〈段取り〉〈実作業〉

澤　武一　著
定価（本体 1800 円＋税）

第 1 章 これだけは知っておきたい　構造・仕組み・装備
第 2 章 これだけは知っておきたい　段取りの基礎知識
第 3 章 これだけは知っておきたい　実作業と加工時のポイント

わかる！使える！溶接入門
〈基礎知識〉〈段取り〉〈実作業〉

安田　克彦　著
定価（本体 1800 円＋税）

第 1 章 「溶接」基礎のきそ
第 2 章 溶接の作業前準備と段取り
第 3 章 各溶接法で溶接してみる

わかる！使える！プレス加工入門
〈基礎知識〉〈段取り〉〈実作業〉

吉田　弘美・山口　文雄　著
定価（本体 1800 円＋税）

第 1 章 基本のキ！　プレス加工とプレス作業
第 2 章 製品に価値を転写する　プレス金型の要所
第 3 章 生産効率に影響する　プレス機械と周辺機器

お求めは書店、または日刊工業新聞社出版局販売・管理部までお申し込みください。

 〒103-8548　東京都中央区日本橋小網町14-1　TEL 03-5644-7410
http://pub.nikkan.co.jp/　FAX 03-5644-7400